Zu diesem Buch

Spätestens dann, wenn man regelmäßig nach seinen Schlüsseln sucht, wird es Zeit, das Gedächtnis ein wenig in Schwung zu bringen. Wie man mit einfachen und unterhaltsamen Übungen seine Merkfähigkeit trainieren und der Vergeßlichkeit sogar vorbeugen kann, das zeigen die Autorinnen dieses praktischen Ratgebers. Außerdem erklären sie auf anschauliche Weise, wie unser Gehirn funktioniert und wie man auch im Alter fit im Kopf bleibt.

Dieser Titel ist auch als Großdruckausgabe (rororo 33109) erschienen.

Kathleen Gose
Gloria Levi

Wo sind meine Schlüssel?

Gedächtnistraining für Zerstreute

Deutsch von
Bärbel Buchholz

rororo
Rowohlt

Neuausgabe 29.–36. Tausend Dezember 1998
Deutsche Erstausgabe
Veröffentlicht im Rowohlt Taschenbuch Verlag GmbH,
Reinbek bei Hamburg, September 1990,
unter dem Titel «Wo sind meine Schlüssel?
Gedächtnistraining in der zweiten Lebenshälfte»

Die Originalausgabe erschien 1985 unter dem Titel «Dealing with memory changes as you grow older» bei Seal Books, McClelland – Bantam, Inc., Toronto / Kanada

Umschlaggestaltung Susanne Heeder
(Foto: G+J Fotoservice)
Satz Minion PostScript (PageOne)
Gesamtherstellung Clausen & Bosse, Leck
Printed in Germany
ISBN 3 499 60648 8

Inhalt

Kapitel VI:
Lassen meine geistigen Fähigkeiten nach? –
Altern und Gedächtnis 71

Teil B: Der Umgang mit Gedächtnisveränderungen

Kapitel VII: Praktische Gedächtnishilfen
für den Alltag 93

Kapitel VIII:
Weitere Gedächtnishilfen – Mnemotechniken 108

Einleitung

Wir, die beiden Autorinnen dieses Buches, haben viele Jahre lang mit älteren Menschen gearbeitet, Kathy in kommunalen Einrichtungen, Gloria sowohl im kommunalen Bereich als auch im Rahmen von Wohlfahrtsverbänden. Dabei sind wir immer wieder mit Sorgen und Ängsten konfrontiert worden, die Seniorinnen und Senioren in bezug auf gewisse Veränderungen ihres Erinnerungsvermögens äußerten.

Das brachte uns auf den Gedanken, einmal festzustellen, was über den Zusammenhang von Gedächtnis und Altern bereits veröffentlicht worden war, welche Literatur zu diesem Thema sich speziell an Senioren richtete und in welchem Umfang Gedächtnis-Trainingskurse für ältere Menschen angeboten wurden. Wir stellten fest, daß heute zunehmend wissenschaftliche Untersuchungen über Zusammenhänge zwischen Gedächtnisleistung und Altern erscheinen, die sich allerdings teilweise noch auf «abwarten und beobachten» beschränken. Veröffentlichungen, die sich direkt an ältere Menschen wenden, sind aber sehr selten, und Seminare, in denen sich die Teilnehmer mit Veränderungen ihrer Gedächtnisleistungen beschäftigen, gibt es kaum.

1978 boten wir im Rahmen der Sommerkurse für Senioren an der Universität von British Columbia ein zehnstündiges Seminar über Gedächtnistraining an. Das Echo war überraschend groß. Viel mehr Bewerberinnen und Bewerber, als wir aufnehmen konnten, wollten sich einschreiben. Einige, die wir nur noch auf die Warteliste hatten setzen könnnen, beteuerten uns immer wieder eindringlich, wie notwendig für sie die Teilnahme an einem solchen Kurs sei.

Seitdem haben wir – jede für sich und beide gemeinsam – viele Seminare durchgeführt und das dabei verwendete Material immer wieder überprüft und überarbeitet, um den Bedürfnissen unserer Kursteilnehmer gerecht zu werden. Im Laufe der Zeit begannen wir zu überlegen, ob es nicht sinnvoll wäre, speziell für ältere Menschen ein Buch über normale Veränderungen der Gedächtnisleistung zu schreiben. Wir sahen die vorhandene Literatur kritisch durch, sprachen mit Leuten, die sich ebenfalls von Berufs wegen mit derartigen Fragen beschäftigen, und diskutierten unsere Vorstellungen mit älteren Menschen. Außerdem versuchten wir in Erfahrung zu bringen, welche Bedeutung bereits bestehende Trainingsangebote für ältere Menschen besitzen. Aus all diesen Aktivitäten entstand schließlich unser Buch «Wo sind meine Schlüssel?»

Wir haben dieses Buch für Erwachsene geschrieben, die sich leidlicher Gesundheit erfreuen und nicht auf die Hilfe anderer Menschen angewiesen sind. Es ist nicht für Menschen gedacht, die an schwerwiegenden Gehirnstörungen leiden, stark behindert oder in klinischem Sinn depressiv sind oder die hochdosierte, das zentrale Nervensystem beeinflussende Medikamente erhalten. Das Buch wendet sich an Menschen, die normale altersbedingte Gedächtnisveränderungen bei sich feststellen und daran interessiert sind, mehr zu diesem Thema zu erfahren und zu lernen, angemessen mit solchen Veränderungen umzugehen.

Unserer Überzeugung nach muß ein Ratgeber, der speziell für ältere Menschen gedacht ist, sehr viel mehr enthalten als nur Techniken zur Verbesserung der Gedächtnisleistung, wie sie in Büchern angeboten werden, die sich an eine breitere Leserschaft wenden. Solche Bücher können zwar durchaus nützliche Informationen enthalten, vieles ist für ältere Menschen jedoch ohne Bedeutung.

Unser Buch beginnt mit einer ausführlichen, umfassenden Einführung in das Thema, weil bei derartigen Gedächtnisveränderungen eine ganze Reihe physischer und psychischer Veränderungen eine Rolle spielen. Dreierlei soll erreicht werden: Erstens soll der Leser die Grundprinzipien verstehen lernen, nach denen das Gedächtnis arbeitet; zweitens soll ihm eine Vielzahl von Gedächtnishilfen angeboten werden, die in bestimmten Situationen von Nutzen sein können; drittens soll geklärt werden, wieweit die Fähigkeit, sich zu erinnern, von Alter und Lebensstil abhängig ist.

Dies ist ein Leitfaden, laut Lexikon ein «knapper Führer, Nachschlagewerk, Ratgeber». Die Anordnung des Textes soll schnelle Information ermöglichen, und wir hoffen, daß das Buch dem Leser als Einführung gute Dienste leisten wird. Um bestimmte Punkte und Gedankengänge zu verdeutlichen, haben wir auch Fragen, Übungen und Beispiele aufgenommen, die auf die Situation älterer Menschen abgestimmt sind. Der Leser oder die Leserin ist eingeladen, das Buch nicht nur einfach durchzulesen, sondern sich wirklich mit dem Material zu beschäftigen.

Unterstützt wurden wir von einer Gruppe älterer Männer und Frauen, die uns bei den ersten Überarbeitungen des Manuskripts beraten haben. Auch Kursteilnehmer aus zwei Seniorenzentren haben uns geholfen. Sie konnten uns manche Anregung für die Kapitel über praktische Gedächtnishilfen geben und erzählten uns vieles darüber, was sie in Situationen empfinden und tun, in denen sie durch ihre Vergeßlichkeit in Schwierigkeiten geraten. Als erfreulich beim Schreiben dieses Buches erwies sich auch die Zusammenarbeit mit Menschen, die zu einigen Abschnitten unmittelbar aus ihrer eigenen Erfahrung etwas zum Thema Erinnerungsvermögen und Vergeßlichkeit beisteuern konnten.

Noch eine Bemerkung zum Gebrauch von «er» und anderen männlichen Wortformen. Die meisten Leserinnen und Leser dieses Buches sind es zweifellos wie wir gewohnt, die männliche Form eines Wortes zu gebrauchen, um ganz allgemein Männer und Frauen zu bezeichnen. Wir sind durchaus der Meinung, daß es wichtig ist, Frauen auch sprachlich als weibliche Wesen zu erkennen, und wir wissen, daß es viel mehr ältere Frauen als ältere Männer gibt. Genauer und beiden Seiten gerecht werdend, müßte es deshalb z. B. beim Pronomen er / sie oder sie / er heißen. Wir meinen aber, daß solche Formen umständlich zu schreiben sind und beim Lesen ermüdend wirken. Deshalb haben wir, wenn es allgemein um Männer und Frauen ging, aus stilistischen Gründen in der Regel die männlichen und gelegentlich die weiblichen Formen verwendet. Darüber hinaus haben wir nach Möglichkeit auch durch andere Mittel versucht, beide Geschlechter in unseren Texten gleichmäßig zu berücksichtigen.

Teil A

Wie unser Gedächtnis arbeitet

Kapitel I

Wir und unser Gedächtnis

Wie unser Gedächtnis uns nützt

«Mein Gedächtnis funktioniert hervorragend, wenn es ums Vergessen geht», sagt Alan Breck in «Kidnapped». Wenn wir älter werden, verstehen viele von uns, was Robert Louis Stevensons Held damit meint. Unser eigenes Gedächtnis scheint auch immer dann besonders gut zu sein, wenn es um das Vergessen von allen möglichen Dingen geht.

Obwohl gewisse Veränderungen unseres Erinnerungsvermögens uns vielleicht Sorgen bereiten, ist unser Gedächtnis doch immer noch bemerkenswert. Unser ganzes Leben hindurch spielt es eine wichtige Rolle bei der Entwicklung unserer Persönlichkeit und dient uns auf vielerlei Art:

- Es bildet die Grundlage für alles, was wir über uns selbst und die Welt wissen.
- Es registriert, speichert und stellt Informationen zur Verfügung über zahllose Erfahrungen, die wir in unserem Leben von der Kindheit bis zum gegenwärtigen Augenblick gemacht haben.
- Es hält unsere Gefühle und Empfindungen fest.
- Es wird zur Durchführung all unserer alltäglichen Handlungen benötigt, vom Fahrradfahren, Stricken, Autofahren bis hin zum Sprechen unserer eigenen oder einer fremden Sprache.
- Es registriert unsere Sinneseindrücke und ermöglicht uns, etwas wiederzuerkennen, das wir früher einmal gesehen oder

gehört haben oder wovon wir eine bestimmte Vorstellung besitzen. Oder es läßt uns einen Duft, einen Geschmack, eine Berührung wiedererkennen.

> Alles, was wir wissen, ist in unserem Gedächtnis gespeichert.
> Unser Gedächtnis hat mehr Speicherkapazität als irgendein bis heute entwickelter Computer.
> Unser Erinnerungsvermögen macht jeden von uns einmalig.

Allzuleicht nehmen wir die vielen Dinge, an die wir uns erinnern, gar nicht bewußt wahr – wir sehen sie als selbstverständlich an und neigen dazu, uns nur um das Gedanken zu machen, was wir vergessen. Tatsächlich aber ist es so, daß uns das Erinnern aus der Fülle unseres Gedächtnisspeichers nur bei ganz bestimmten Informationen schwerfällt.

Trotzdem ist es irritierend und manchmal entmutigend, wenn wir feststellen müssen, daß wir uns an einen Namen oder eine Tatsache, die wir erst gestern gehört haben, nicht mehr erinnern können. Viele ältere Menschen merken, daß ihr Gedächtnis ihnen häufiger als in jungen Jahren einen Streich spielt. Das kann manchmal beunruhigend und ärgerlich sein. Es ist zwar nicht möglich, das Gedächtnis wie einen Muskel zu trainieren, Sie können jedoch erreichen, daß es effizienter arbeitet.

Worum es in diesem Leitfaden geht

Wenn Sie nach Möglichkeiten suchen, Ihr Gedächtnis zu verbessern, dann kann dieses Buch Ihnen helfen.

Es enthält:

1. Informationen über die Arbeitsweise des Gedächtnisses.

2. Informationen darüber, wie das Altern sich auf die Gedächtnisleistung auswirkt.
3. Praktische Anregungen zur Verbesserung Ihres Gedächtnisses, die von älteren Menschen erprobt wurden.
4. Anweisungen, wie Sie bestimmte Gedächtnishilfen für sich nutzen können.
5. Informationen über den Einfluß von Gesundheitszustand und Lebensweise auf das Gedächtnis.

Um die Arbeitsweise des Gedächtnisses verständlich zu machen, werden die drei zentralen Begriffe *Aufnehmen*, *Behalten* und *Zurückrufen* erklärt. Außerdem untersuchen wir einige Gründe für die Vergeßlichkeit des Menschen.

Sie werden praktische Hinweise älterer Menschen finden, die Ihnen vielleicht helfen können, Ihre alltägliche Vergeßlichkeit besser in den Griff zu bekommen. Außerdem können Ihnen diese Anregungen u. U. zeigen, wie gut Sie bereits Ihren Alltag organisiert haben.

Auch Gedächtnishilfen oder Mnemotechniken, die in bestimmten Situationen nützlich sein können, werden vorgestellt.

Das Buch vermittelt einen Überblick über Veränderungen der Gedächtnisleistung, die sich mit zunehmendem Alter einstellen. Es prüft die Auswirkungen von Arbeitsbelastung und Streß auf das Gedächtnis und beschäftigt sich mit dem Thema Intelligenz und Lernen in der zweiten Lebenshälfte. Auch das Problem der Senilität und damit verbundene Störungen werden untersucht.

Das Buch beschäftigt sich mit dem Zusammenhang von Lebensweise und Gedächtnis. Ihre Art zu leben – wie Sie essen, sich entspannen, sich bewegen, spielen und arbeiten – beeinflußt insgesamt Ihr Gedächtnis. Besonders betont wird die enge Verbindung zwischen Körper, Seele und Geist. Abschließend geht es um die wichtige Rolle, die das Gedächtnis im Hinblick auf die gesamte Entwicklung des Menschen und das Erlangen von Weisheit spielt.

Wenn Sie wirklich an den Zusammenhängen zwischen Alter und Gedächtnis interessiert sind, würde Ihnen eine knappe Einführung wenig nützen, in der es lediglich darum geht, einige Gedächtnishilfen zu erlernen, um Ihr Erinnerungsvermögen zu verbessern. Erst ein umfassendes Verständnis der Zusammenarbeit von Seele, Körper und Geist schafft die Basis für einen langfristig besseren Umgang mit Gedächtnisveränderungen. Dieses Buch kann Ihnen den Weg zeigen. Wählen Sie das aus, was Ihnen hilft.

Dinge, die gut behalten werden:

- Namen beliebter Familienmitglieder
- Eine wichtige und erwünschte Verabredung
- Gewandtheit im Lesen und Schreiben
- Geschichten, Verse oder Lieder, die man früher einmal gelernt hat
- Das eigene Geburtsdatum
- Miet- oder Hypothekenzahlungen
- Den wesentlichen Inhalt eines interessanten Buches, Artikels oder einer beliebten Fernsehsendung
- Physische Fertigkeiten wie Fahrradfahren oder Stricken
- Routinehandlungen und Gewohnheiten

Finden Sie Ihre ganz speziellen Schwierigkeiten heraus

Wahrscheinlich haben Sie zu diesem Buch gegriffen, weil Sie sich durch gewisse Veränderungen Ihrer Gedächtnisleistungen beunruhigt fühlen. Vielleicht haben Sie festgestellt, daß Sie im Alltagsleben gelegentlich etwas vergessen. Vergessen Sie ganz bestimmte Dinge, oder sind Sie allgemein vergeßlich? Manches ist gut zu behalten, anderes dagegen vergißt man leicht.

Dinge, die leicht vergessen werden:

- Wo bestimmte Sachen sich befinden
- Ereignisse, die nicht der gewohnten Routine entsprechen
- Dinge, die Sie glauben nicht behalten zu können
- Dinge, die Sie nicht gerne tun
- Namen
- Belanglose Dinge
- Dinge, die unter Streß, Müdigkeit und einem Gefühl von Schwäche oder Krankheit vergessen werden
- Langweilige Informationen
- Daten

Vielleicht hilft es Ihnen, wenn Sie Ihre speziellen Schwächen genau bestimmen. Der obige Katalog enthält Fragen zu alltäglichen Gedächtnispannen. Er soll Sie veranlassen, darauf zu achten, wie oft Sie bestimmte Dinge vergessen, was Sie empfinden, wenn Sie etwas vergessen haben, und wie Sie sich in einem solchen Fall verhalten.

Gefühle und Vergeßlichkeit

Unangenehme Gefühle – nüchtern betrachtet

Wenn Sie feststellen, daß Sie immer vergeßlicher werden, sind Sie natürlich beunruhigt. Sie vergleichen dann leicht Ihre augenblickliche Vergeßlichkeit mit früheren guten Gedächtnisleistungen. Vergeßlichkeit verursacht unangenehme Gefühle, die von Verlegenheit und Frustration bis zu Besorgnis, Demütigung, dem Verlust von Selbstvertrauen und manchmal sogar Angst reichen können. Bei vergeßlichen Menschen kann die Befürchtung aufkommen, daß sie die Kontrolle über sich verlieren, und sie beginnen dann, Situationen, in denen sie sich an irgend etwas nicht erinnern können, mehr Beachtung zu schenken als solchen, in denen ihr Gedächtnis funktioniert. Sie befürchten, daß ihre Vergeßlichkeit ein Zeichen von Senilität sein könnte. Dadurch kann ein Teufelskreis entstehen: Die Sorgen über die Vergeßlichkeit verursachen Streß, und der wiederum wirkt sich negativ auf die Gedächtnisleistung aus.

Natürlich fühlen sich nicht alle älteren Menschen durch die Veränderungen ihres Erinnerungsvermögens derart verunsichert. Als eine Gruppe von aktiven Senioren aus einem Seniorenzentrum den Fragebogen über alltägliche Vergeßlichkeiten beantwortete, enthielten ihre Antworten zwar durchaus viele negative Gefühlsbeschreibungen wie: «ärgerlich», «wütend», «mit mir selbst böse», «verlegen», «dumm», «unfähig», «ärgerlich über das mangelhafte Gedächtnis», «unsicher». In einem Fall fühlten sie sich sogar «beschämt», «schuldig», «schrecklich» und «fürchterlich».

Als diese Senioren jedoch zu ihren negativen Gefühlen näher befragt wurden, erklärten sie, daß ein großer Unterschied bestehe zwischen Gefühlen, die sie bei einer Vergeßlichkeit empfänden, und solchen, die sie sich selbst als Gesamtpersönlichkeit entgegenbrächten. Obwohl sie häufig etwas vergessen und oft ärgerlich über ihre Vergeßlichkeit sind, lassen sie in der Regel nicht zu, daß Gedächtnisprobleme ihnen längere Zeit die Stimmung verderben. Ihre Antworten zeigen einen ganz nüchternen Realismus:

– «Ich lerne, mein Gedächtnis so zu akzeptieren, wie es ist. Anderen geht es auch nicht besser.»
– «Die Schlüssel zu diesem Karteikasten werden eben rostig, und das verzögert den Denkprozeß ... Man sollte solche Unzulänglichkeiten nicht so ernst nehmen, das hilft.»
– «Ich versuche, mir nicht allzu große Sorgen zu machen, verlasse mich aber nicht mehr so unbedingt auf mein Gedächtnis, wie ich es früher getan habe. Heute schreibe ich mir vieles auf.»
– «Ich versuche, mich zu konzentrieren, und nehme mir möglichst nicht zu vieles auf einmal vor.»
– «Ich verbringe deshalb keine schlaflosen Nächte.»
– «Manchmal fluche ich.»
– «Ich bin beunruhigt, aber schäme mich nicht.»

Die richtige Einstellung ist das Wichtigste

Wie ältere Menschen mit ihrer Vergeßlichkeit umgehen, hängt in der Regel von ihren Gefühlen sich selbst gegenüber ab. Viele Menschen räumen ein, daß sie Gedächtnisprobleme haben, aber die meisten von ihnen lassen nicht zu, daß diese Vergeßlichkeit ihr Selbstvertrauen beeinträchtigt. Sie stellen sich auf die Gegebenheiten ein und finden sich mit den Veränderungen ab, denen Körper und Geist im Alter unterworfen sind. Zwar sind sie nicht besonders angetan von solchen Veränderungen, aber sie finden viele Möglichkeiten, sich erfolgreich mit ihnen zu arrangieren.

Eine der älteren Damen erzählte: «Seit ich in den letzten Jahren zunehmend mit körperlichen Problemen zu kämpfen habe, spielt mir mein Gedächtnis oft seltsame Streiche, was zu peinlichen, frustrierenden, aber auch lustigen Situationen führt. So ist mir z. B. folgendes passiert: Dreimal wöchentlich gehe ich zur Behandlung ins Bad und nehme immer eine große Dose Puder mit, um mich nach dem Bad leichter anziehen zu können. Eine gute Sache – bis auf den Tag, an dem ich in die Tasche griff und entdeckte, daß ich die Dose mit Haarspray mitgenommen hatte. Wenn ich wegen solcher dummen Versehen und Gedächtnispannen nicht über mich selbst lachen könnte, wäre ich wirklich schlecht dran.»

Fragebogen zur Vergeßlichkeit

Testen Sie sich selbst zu den folgenden verbreiteten Gedächtnisproblemen:

1. Kreuzen Sie – je nachdem, wie oft die beschriebene Form des Vergessens bei Ihnen vorkommt – das entsprechende Kästchen an.
2. Erläutern Sie, welche Gefühle diese Vergeßlichkeit bei Ihnen hervorruft.
3. Beschreiben Sie, was Sie in der jeweiligen Situation tun.

Sie vergessen den Namen von:	niemals	selten	manchmal	oft	meistens	Was empfinden Sie dabei?	Was tun Sie in dieser Situation?
1. jemandem, den Sie kürzlich kennengelernt haben.							
2. einem alten Freund, den Sie zufällig getroffen haben.							
3. einem Freund, den Sie jemandem vorstellen wollen.							
4. einem Buch, das Sie einem Freund empfehlen wollen.							
Sie haben vergessen, bestimmte Dinge zu erledigen:							
1. Ihre Medikamente zu nehmen, oder Sie sind unsicher, ob Sie sie eingenommen haben.							
2. etwas zu kaufen, das auf Ihrer Einkaufsliste stand.							

	niemals	selten	manchmal	oft	meistens	Was empfinden Sie dabei?	Was tun Sie in dieser Situation?
3. Ihren Schirm oder irgend etwas anderes wieder mit nach Hause zu bringen.							
4. Tiefkühlkost für das Mittagessen aufzutauen.							
5. zu einer Verabredung zu gehen.							
6. ein Versprechen einzuhalten.							
7. Ihre Telefon- oder Stromrechnung zu bezahlen.							
8. die Beleuchtung am Auto oder das Bügeleisen auszuschalten.							

Sie haben vergessen:	niemals	selten	manchmal	oft	meistens	Was empfinden Sie dabei?	Was tun Sie in dieser Situation?
1. wo Sie Ihre Brille oder Ihre Schlüssel gelassen haben.							
2. was Sie gerade sagen wollten.							
3. wieviel Zucker Sie in Ihren Kaffee oder Tee getan haben.							
4. ob Sie jemandem etwas Bestimmtes bereits erzählt haben.							
5. weshalb Sie herkamen.							
6. Einzelheiten einer Geschichte, die Sie gerade erzählen.							

Sie vergessen manchmal Dinge, die Sie gelesen, gehört oder gesehen haben:	niemals	selten	manchmal	oft	meistens	Was empfinden Sie dabei?	Was tun Sie in dieser Situation?
1. Einzelheiten von irgend etwas, das Sie kürzlich gelesen oder gehört oder im Fernsehen gesehen haben, usw.							
2. Sie fangen an, irgend etwas zu lesen, und erinnern sich dann, daß Sie es schon einmal gelesen haben.							
3. Andere Dinge, die Sie leicht vergessen:							
a.							
b.							
c.							

1. Was vergessen Sie besonders häufig?
   Namen?
   Etwas, das Sie erledigen wollen?
   Wo bestimmte Sachen sich befinden?
   Frühere Ereignisse?
2. Waren Sie überrascht, an welche Dinge Sie sich meistens erinnern? Oder welche Sie in der Regel vergessen?

3. Inwieweit spielen Gefühle bei Ihren Reaktionen auf Vergeßlichkeiten eine Rolle?
   Sind Sie zufrieden damit, wie Sie beim Vergessen bestimmter Dinge reagieren?

Ihre Antworten auf die Fragen des Fragebogens zeigen Ihnen, wie Ihr Gedächtnis in Alltagssituationen arbeitet, welche Gefühle Vergeßlichkeit in solchen Situationen in Ihnen auslöst und was Sie tun, wenn Sie bestimmte Dinge vergessen.

Aufnehmen, Behalten, Zurückrufen

Die drei Phasen des Erinnerungsprozesses

Menschen sprechen oft von ihrem «guten» oder «schlechten» Gedächtnis wie von einem realen Teil ihres Körpers, z. B. einem Glied oder einem Organ. Bemerkungen wie «Er hat ein ausgezeichnetes Gedächtnis» oder «Mein Gedächtnis läßt nach» erwecken den Eindruck, daß es sich beim Gedächtnis um etwas handelt, das entweder funktioniert oder versagt. In Wirklichkeit aber haben die meisten Menschen für einige Dinge ein gutes Gedächtnis, für andere aber nicht. Wenn sie Schwierigkeiten haben, sich zu erinnern, so nicht etwa, weil das gesamte Gedächtnis schlecht ist, sondern weil der Erinnerungsprozeß in bestimmten Teilen nicht effizient genug abläuft. Wenn jemand sich erinnert, so durchläuft er einen Prozeß, bei dem er neue Informationen aufnimmt, sie im Gedächtnis behält oder speichert und später wieder zurückruft.

Nehmen wir ein einfaches Beispiel aus dem täglichen Leben, z. B. wie Sie sich erinnern, wohin Sie Ihre Brille gelegt haben. Zunächst müssen Sie sich bewußt machen, wohin Sie sie beim Abnehmen legen (vielleicht neben die Lampe auf dem Wohnzimmertisch). Die entsprechende Information wird dadurch registriert oder *aufgenommen*, daß Sie dem Ablegen Ihrer Brille an einen speziellen Platz Aufmerksamkeit schenken. Diese Information wird im Gehirn gespeichert oder *behalten* und kann dann bei Bedarf ins Gedächtnis *zurückgerufen* oder zurückgeholt werden.

Wenn all das funktioniert, können Sie sich genau erinnern, wohin Sie Ihre Brille gelegt haben. Sie befindet sich dort, wo Sie sie auf dem Tisch neben der Lampe zurückließen.

Dieses einfache Beispiel zeigt die drei Phasen des Erinnerungsprozesses.

Die Erinnerung bricht zusammen

Wenn die drei Phasen des Erinnerungsprozesses nicht zusammenspielen, führt das zu Irritationen. Sie können sich an etwas nicht erinnern, weil der Erinnerungsprozeß – aufnehmen, behalten und ins Gedächtnis zurückrufen – irgendwo zusammengebrochen ist. So ist es ausgesprochen frustrierend und zermürbend, wenn Sie auf der Suche nach irgend etwas Wichtigem, z. B. Versicherungsunterlagen oder einem Scheck, der tags zuvor mit der Post gekommen ist, das ganze Haus auf den Kopf stellen müssen.

Dabei könnte folgendes geschehen: Zunächst setzen Sie sich ruhig und entspannt hin und versuchen, sich zu erinnern, was Sie mit dem Scheck getan haben, nachdem Sie ihn aus dem Briefkasten genommen haben. Sie suchen überall dort, wo Sie ihn am ehesten hingelegt haben könnten. Wenn Sie ihn an diesen Stellen nicht finden, beginnen Sie ärgerlich zu werden, Ihr Körper verspannt sich, und vielleicht spüren Sie, wie Ihr Herz schneller schlägt – Ihnen wird heiß, und Sie laufen immer aufgeregter hin und her. Nach einiger Zeit können Sie kaum noch klar denken. Vielleicht geraten Sie sogar in Panik. In solchen Augenblicken, in denen Sie den Streß spüren, der durch Vergeßlichkeit entstehen kann, beginnen Sie vielleicht, sich intensiver mit Ihrem Gedächtnis zu beschäftigen.

Wenn Sie etwas vergessen, kann das drei Ursachen haben:

1. Sie haben die Information nicht eindeutig genug aufgenommen.
2. Sie haben das, was Sie aufgenommen haben, nicht im Gedächtnis behalten.
3. Die Information kann nicht aus Ihrem Gedächtnis zurückgerufen werden.

Störungen in einer dieser drei Erinnerungsphasen verursachen Vergeßlichkeit. Forschungsarbeiten zeigen, daß bei älteren Menschen, die Gedächtnisprobleme haben, in allen drei Phasen des Erinnerungsprozesses Schwierigkeiten auftreten, ganz besonders aber beim Aufnehmen und beim Zurückrufen von Informationen.

Wenn jemand fragt: «Wie kann ich mein Gedächtnis verbessern?», dann stellt er nach Ansicht des Psychologen Michael J. H. Howe die falsche Frage. Howe gibt dazu folgende Erläuterung: «Der Begriff Gedächtnis umfaßt viele verschiedene Prozesse. Daher ist die Hoffnung, einen einfachen Weg zur Verbesserung der Gedächtnisleistung zu finden, ungefähr so realistisch wie die Hoffnung, eine einfache Methode zu finden, die Leistungen der Post oder die Weltwirtschaftslage zu verbessern. Erfolgversprechender ist es, darüber nachzudenken, wie die Arbeitsweise jeder einzelnen Erinnerungsphase verbessert werden kann.» Gemeint sind die drei Phasen: aufnehmen, behalten und ins Gedächtnis zurückrufen.

Die folgenden Kapitel erklären diese drei Phasen der Erinnerung genauer. Sie enthalten auch Beispiele, Übungen und Fragen und werden vor allem diejenigen unter Ihnen interessieren, die einen genaueren Einblick in die Arbeitsweise des Gedächtnisses erhalten möchten.

Für Leserinnen und Leser, denen ein kurzer Überblick genügt, gibt es Zusammenfassungen am Ende der jeweiligen Kapitel.

Kapitel II

Schenken Sie den Dingen Beachtung – Aufnehmen

Allgemein heißt es, daß das Aufnehmen von Informationen der erste Schritt zum Erinnern sei. Wenn Sie sich etwas merken wollen, muß es Ihnen zuerst auf irgendeine Art besonders auffallen. Es leuchtet ein, daß Sie sich nichts ins Gedächtnis zurückrufen können, von dem Sie niemals wirklich Notiz genommen haben. Das Gedächtnis arbeitet nur, wenn es Informationen, Ereignisse und Erfahrungen aufnimmt und anschließend behält.

Aufnehmen

Einstellung
Interesse
Aufmerksamkeit
Organisation

Einstellung

Die richtige Einstellung ist für jede Aufnahme von Informationen von Bedeutung. Ob Sie versuchen, etwas Neues zu lernen, oder bereits gespeicherte Informationen aus Ihrem Gedächtnis zurückrufen – der Wunsch, sich an etwas zu erinnern, ist für den Erfolg Ihrer Bemühungen entscheidend. Wenn Sie sich an etwas Bestimmtes erinnern wollen, richten Sie Ihre gesamte Aufmerksamkeit darauf.

Selbstvertrauen spielt bei der Aufnahme von Informationen ebenfalls eine wichtige Rolle. Damit Sie sich erinnern können, ist es ganz wesentlich, daß Sie sich auch die entsprechende Fähigkeit zutrauen.

Sie haben sicher schon einmal bemerkt, wie schwierig es ist, etwas zu lernen, von dem Sie überzeugt sind, daß es zu kompliziert für Sie ist. Wenn Ihr Enkel Ihnen zu erklären versucht, was er gerade mit einem Computer macht, dann möchten Sie am liebsten abschalten. Wenn Ihnen jemand mit einem ganz ungewöhnlichen und fremd klingenden Namen vorgestellt wird, sind Sie vielleicht überzeugt, daß Sie diesen Namen nie richtig behalten werden. Die Einstellung «Ich *kann* lernen und ich *kann* mich erinnern» ist aber eine wesentliche Voraussetzung dafür, daß Sie erfolgreich Informationen aufnehmen und behalten.

Interesse

Der Wunsch, sich zu erinnern, erwächst aus Interesse, Anteilnahme, Prioritäten. Menschen aller Altersstufen, vor allem aber ältere, wählen das aus, was sie sich merken wollen, und schieben

Dinge beiseite, die sie stören. Dieser Auswahlprozeß erfolgt normalerweise bewußt und kontrolliert, kann gelegentlich aber auch automatisch und unbemerkt stattfinden.

Vielleicht fühlen Sie sich überfordert, wenn Sie etwas über den Umgang mit dem Computer Ihres Enkels lernen sollen. Kenntnisse über seine Funktionsweise sind aber für Sie weder von Bedeutung, noch nutzen sie Ihnen, warum wollen Sie sich also ärgern? Andererseits interessiert Sie aber u. U., was die Computer bei den Katalogen Ihrer örtlichen Bücherei leisten, und deshalb meinen Sie, daß es sich lohnt, diese Art von Informationsvermittlung kennenzulernen und sich einzuprägen. Jeder Mensch entscheidet immer wieder neu, welche Dinge für ihn von Bedeutung sind und was seine Aufmerksamkeit verdient.

Die folgenden fünf Situationen zeigen verschiedene Beweggründe, sich an einen Namen zu erinnern. Versetzen Sie sich in diese Situationen, an welche Namen würden Sie sich erinnern? Ordnen Sie die Beispiele nach der Bedeutung, die sie für Sie haben, an erster Stelle die für Sie wichtigste Situation, an fünfter die für Sie am wenigsten wichtige:

1. an den Namen von jemandem, der Ihnen DM 50,– schuldet,
2. an den Namen eines Arbeitskollegen Ihres Nachbarn,
3. an den Namen von jemandem, dem Sie DM 1,50 schulden,
4. an den Namen von jemandem, der Ihnen Grüße von Ihrem Neffen überbrachte,
5. an den Namen von jemandem, der sich ein Buch von Ihnen geliehen hat.

Das Interesse spielt eine große Rolle beim Aufnehmen von Informationen, weil es den Grad der Aufmerksamkeit bestimmt. Eine Person, die Ihnen DM 50,– schuldet oder eines Ihrer Bücher entliehen hat, interessiert Sie wahrscheinlich sehr viel mehr als ein Arbeitskollege Ihres Nachbarn oder auch als jemand, dem Sie DM 1,50 schulden. Sie versuchen, das zu behalten, was Sie für wichtig halten. Ohne daß Sie sich unbedingt dessen bewußt waren, haben Sie zu sich selbst gesagt: «Das brauche ich nicht zu behalten.»

Aufmerksamkeit – Nutzen Sie Ihre Sinne

«Aufmerksamkeit – vielleicht die erstaunlichste all unserer wunderbaren Geisteskräfte.» (Charles Darwin)

Das Aufnehmen von Informationen ist abhängig von unserer Aufmerksamkeit – von der Art und Weise, wie wir unsere Sinne konzentrieren und auf eine Sache ausrichten, um neue Informationen zu behalten.

Für die meisten Menschen ist das Sehen der wichtigste Sinn. Sie lernen am besten über das Auge, haben ein optisches oder visuelles Gedächtnis. Solche Menschen profitieren am meisten, wenn sie aus Büchern lernen oder Informationen in visuell veranschaulichter Weise erhalten. Bei manchen Menschen spielt aber auch der Gehörsinn eine dominante Rolle. Sie haben ein akustisches Gedächtnis und reagieren allgemein stärker auf das gesprochene Wort und alle Informationen, die sie über Töne und Geräusche erhalten. «Ich sehe, was du meinst» oder «Ich sehe den entscheidenden Punkt» sind typische Redewendungen von Menschen, bei denen der Gesichtssinn dominiert. Menschen, bei denen das Hören wichtiger ist, sagen oft «Ich höre, was du meinst» oder «Ich höre deine Botschaft laut und deutlich».

Gesichts- und Gehörsinn sind zwar sehr wichtig, aber auf keinen Fall als einzige Sinne an der Aufnahme von Informationen beteiligt. Sie werden unterstützt durch Geschmacks-, Geruchs- und Tastsinn. Diese Sinne erweitern die Fähigkeiten von Gesichts-

und Gehörsinn, arbeiten manchmal aber auch während der Aufnahme von Informationen separat. Je mehr Sinne bei der Informationsaufnahme beteiligt sind und je mehr Sie diejenigen Sinne nutzen, die für Sie persönlich am effektivsten sind, desto besser werden Sie sich erinnern.

Wenn Sie aufmerksam sind, konzentrieren Sie Ihren Geist auf bestimmte Dinge und schließen andere aus. Der gleichzeitige Gebrauch mehrerer Sinne hilft Ihnen, eine Sache noch besser zu erfassen und Ihre Aufmerksamkeit auf sie zu lenekn. Ein leidenschaftlicher Rosenliebhaber, der einen botanischen Garten besucht, wird sich wahrscheinlich eher an die Pracht der in voller Blüte stehenden Rosen erinnern als an andere Pflanzen. Er wird auf die Vielfalt der Farben und Formen achten, auf den Duft und darauf, wie sich die Blütenblätter anfühlen. Vielleicht gilt seine Aufmerksamkeit einer Sorte, die ihm besonders gefällt. Die Rosen werden sich seinem Gedächtnis fest einprägen, und ein besonders schöner Busch überstrahlt vielleicht in seiner Erinnerung alle anderen.

Andererseits tun und sehen Menschen täglich unzählige Dinge, auf die sie gar nicht achten. Wenn eine Frau Kaviar nicht mag, kümmert sie sich auch nicht um seinen Preis. Ißt sie jedoch öfter Hähnchen, dann wird sie auf deren Preis wahrscheinlich achten. Von den Radio- oder Fernsehnachrichten wird sie u. U. nicht viel behalten, es sei denn, sie hört aufmerksam zu. Es ist nicht so, daß sie den Preis des Kaviars oder die Meldungen der Nachrichten «vergessen» hat, aber die Aufnahme dieser Informationen war für sie nicht vorrangig.

Diese Beispiele vermitteln eine gewisse Vorstellung davon, wie Einstellung, Interesse und Aufmerksamkeit zusammenspielen.

Organisation

Ein Gedächtnisforscher führt aus, daß ein Mensch, «der auf eine Information achtet, von der er weiß, daß er sich später an sie erinnern muß ... den Stoff aktiv in eine gewisse Form bringt, die ihm eine spätere Reproduktion erleichtert».

Während der Informationsaufnahme beginnt Ihr Gehirn automatisch, neue Informationen zu ordnen. Wenn Sie eine neue Erfahrung machen, dann gelangt diese nicht vollständig und mit allen Details wie eine Fotografie oder eine Tonbandaufnahme in Ihr Gedächtnis. Vielmehr leuchten manche Eindrücke oder Einzelheiten wie Glanzlichter heraus und werden gewissermaßen als Schlüssel für die übrigen Informationen genutzt. Solche Schlüsselinformationen fassen jeweils weitere und kompliziertere Informationen zusammen. Jeder Mensch hat seine eigene persönliche Methode, Informationen aufzunehmen, weil sich jeder Mensch seine eigenen Schlüsselinformationen schafft.

Sobald Sie neue Informationen aufnehmen, beginnen Sie diese mit bereits vorhandenen Kenntnissen zu verknüpfen. Je besser Sie neue Informationen mit bereits Vertrautem in Zusammenhang bringen können, desto leichter fällt es Ihnen, Neues aufzunehmen.

Testen Sie Ihre Aufnahmefähigkeit

Einstellung, Interesse, Aufmerksamkeit und Organisation sind am Prozeß der Informationsaufnahme gemeinsam beteiligt. Versuchen Sie, an Hand der unten aufgeführten Punkte 1–7 abzuschätzen, wo Ihre Stärken liegen und welchen Bereichen Sie mehr Beachtung schenken sollten. Vielleicht schieben Sie die Schuld auf Ihr Gedächtnis, wenn Sie sich an etwas nicht erinnern können, und in Wirklichkeit liegt die Ursache für Ihr Problem in einer der folgenden Schwierigkeiten:

	selten	manchmal	oft
1. Sie haben kein Selbstvertrauen und sind von Ihrem schlechten Gedächtnis überzeugt.			
2. Sie langweilen sich und haben keine Lust, sich auf Informationen zu konzentrieren, die Sie belanglos finden.			
3. Sie sind zerstreut und passen nicht auf.			
4. Sie sehen oder hören nicht gut und können dadurch Informationen nicht exakt aufnehmen.			
5. Sie sind nervös und können sich nicht konzentrieren.			
6. Sie haben Schwierigkeiten, aussagekräftige Schlüsselbegriffe für neue Informationen zu bilden.			
7. Sie haben Schwierigkeiten, neue Informationen mit bereits vorhandenen zu verknüpfen.			

Wenn es Ihnen schwerfällt, Informationen aufzunehmen, können die Kapitel in Teil B – «Praktische Gedächtnishilfen für den Alltag», «Weitere Gedächtnishilfen – Mnemotechniken» und «Lebensweise und Gedächtnis» – Ihnen vielleicht weiterhelfen.

Zusammenfassung

Das Aufnehmen von Informationen ist der erste Schritt im Erinnerungsprozeß

Das Aufnehmen von Informationen setzt eine bestimmte Einstellung voraus.
Es ist abhängig davon, daß Sie an Ihre Erinnerungsfähigkeit glauben und sich zutrauen, etwas behalten zu können.

Das Aufnehmen von Informationen hängt vom Interesse ab.
Was für Sie wert ist, behalten zu werden, hängt von Ihrem individuellen Interesse ab. Menschen aller Altersgruppen, besonders aber ältere Menschen, trennen Dinge, die sie gerne behalten möchten, von solchen, die sie für unwichtig halten. Dieses Herausgreifen und Auswählen schließt alles aus, was Sie nicht wahrnehmen wollen, und kann sowohl bewußt als auch unbewußt geschehen.

Das Aufnehmen von Informationen ist abhängig von der Aufmerksamkeit.
Wenn Sie Ihre Sinne auf neue Informationen richten und konzentrieren, die Sie in Ihrem Gehirn speichern wollen, passen Sie auf. Einstellung und Interesse schaffen die Voraussetzungen für diese Aufmerksamkeit, die Ihren Geist auf etwas Spezielles lenkt und andere Dinge ausschließt. Je mehr Sinne dabei beteiligt sind – Sehen, Hören, Berühren, Riechen, Schmecken –, desto klarer ist das Bild der aufgenommenen Information.

Das Aufnehmen von Informationen erfordert Organisation.
Jeder Mensch ordnet neue Informationen ganz automatisch und entwickelt seine eigenen Methoden, um sie aufzunehmen. Das Gehirn nimmt nicht jedes Detail einer neuen Information auf. Vielmehr haften bestimmte Einzelheiten und Eindrücke besonders klar im Gedächtnis. Sie dienen als Schlüssel für weitere mit ihnen verbundene Informationen. Solche Schlüsselbilder oder -begriffe fassen die umfangreicheren und komplizierteren Informationen zusammen, die sie repräsentieren.

Neue Informationen ordnet Ihr Gehirn, die Sie behalten, indem es Assoziationen zu bereits Bekanntem herstellt. Das ist leichter, als etwas zu behalten, zu dem Sie keinerlei Beziehungen haben.

Als älterer Mensch kann Ihnen die Informationsaufnahme aus vielerlei Gründen schwerfallen:

- Es fehlt Ihnen an Selbstvertrauen, und Sie sind überzeugt, daß Sie nichts behalten können.
- Sie langweilen sich und haben keine Lust, sich auf Informationen zu konzentrieren, die Sie für belanglos halten.
- Sie sind zerstreut und passen nicht auf.
- Sie hören oder sehen schlecht und nehmen deshalb Informationen nicht genau auf.

- Es fällt Ihnen schwer, sich zu konzentrieren.
- Es fällt Ihnen schwer, Informationen zu aussagekräftigen und geeigneten Schlüsselbegriffen zusammenzufassen.
- Es fällt Ihnen schwer, neue Informationen mit bereits Bekanntem zu verbinden.

Kapitel III

Das Speichern von Informationen – Behalten

Informationen behalten bedeutet, sie nach dem Aufnehmen zu speichern. Einer weitverbreiteten Theorie zufolge gibt es zwei verschiedene Möglichkeiten, Informationen zu speichern: im Kurzzeitgedächtnis und im Langzeitgedächtnis.

Behalten

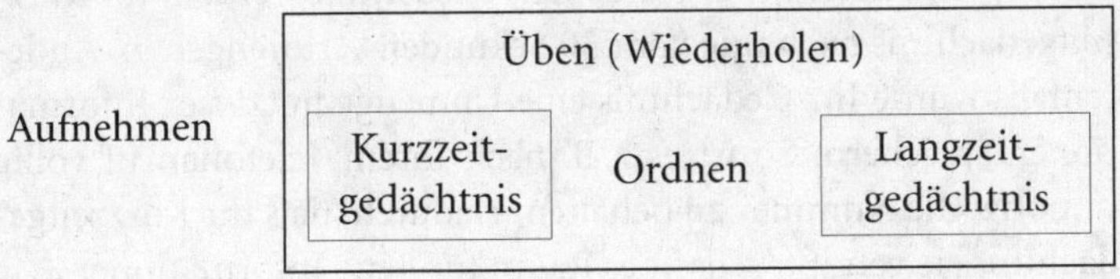

Das Kurzzeitgedächtnis

Das Kurzzeitgedächtnis hat zwei Aufgaben:

1. Es speichert einzelne Informationen, die nur kurze Zeit behalten werden sollen.
2. Es ordnet Informationen, ehe sie in das Langzeitgedächtnis gelangen.

Ein bekanntes Beispiel für vorübergehende Informationsspeicherung im Kurzzeitgedächtnis ist die Fähigkeit, eine Telefonnummer gerade lange genug zu behalten, um die gewünschte Verbindung herstellen zu können.

Wie arbeitet das Kurzzeitgedächtnis?

Die Verweildauer von Informationen ist kurz

Normalerweise suchen Sie sich eine Telefonnummer heraus, behalten sie gerade lange genug, um die Verbindung herstellen zu können, und vergessen sie dann wahrscheinlich wieder. Falls sich niemand meldet oder die Leitung besetzt ist, müssen Sie u. U. die Nummer noch einmal heraussuchen. Untersuchungen zeigen, daß Informationen, wenn sie nicht wiederholt werden, im Kurzzeitgedächtnis nach ungefähr 30 Sekunden verlorengehen. Anderenfalls würde Ihr Gedächtnis eine Unmenge nutzloser Informationen speichern. So ist es z. B. nach Ihrem Telefonanruf völlig unnötig, die Nummer zu behalten. Dadurch, daß Ihr Kurzzeitgedächtnis sie vergißt, schafft es Raum für neue Informationen.

Das Kurzzeitgedächtnis ist sehr störanfällig

Nur wenn Sie sich auf etwas konzentrieren, kann es in Ihr Kurzzeitgedächtnis eindringen. Sobald Sie jedoch abgelenkt werden, ist die Wahrscheinlichkeit groß, daß Sie die ursprüngliche Information vergessen. Werden Sie beispielsweise beim Wählen einer Telefonnummer unterbrochen – es klingelt vielleicht an der Haustür, oder die Suppe kocht über –, dann müssen Sie wahrscheinlich die Nummer noch einmal heraussuchen.

In einem anderen häufig vorkommenden Fall sieht das etwa so aus. Sie denken: «Ich könmte eigentlich zum Kühlschrank gehen und mir ein Glas Milch holen.» Sie öffnen die Kühlschranktür – und plötzlich ist Ihnen entfallen, was Sie eigentlich wollten. Weil Sie normalerweise Milch ganz gewohnheitsmäßig aus dem Kühlschrank nehmen, belastet dieser Vorgang Ihr Gedächtnis nicht weiter. Es bleibt frei für andere Dinge, die schnell den Gedanken an die Milch verdrängen. Sie können aber auch dadurch abgelenkt werden, daß Ihr Blick auf irgend etwas anderes im Kühlschrank fällt, das Sie die Milch vergessen läßt.

Das Kurzzeitgedächtnis kann sich nicht lange auf eine Sache konzentrieren. Wenn Sie also eine Information behalten wollen, müssen Sie jede Ablenkung nach Möglichkeit ausschalten.

Das Kurzzeitgedächtnis hat nur eine begrenzte Speicherkapazität

Wissenschaftler sind der Ansicht, daß die meisten Menschen nicht mehr als sechs oder sieben Einzelinformationen auf einmal im Kurzzeitgedächtnis behalten können. Wenn Sie z. B. versuchen, gleichzeitig eine gerade herausgesuchte Telefonnummer und verschiedene Einzelheiten zu behalten, die Sie Ihrem Gesprächspartner am Telefon mitteilen wollen, werden Sie mit größter Wahrscheinlichkeit Schiffbruch erleiden. Das begrenzte Aufnahmevermögen des Kurzzeitgedächtnisses bestimmt, wie viele Informationen Sie auf einmal bewältigen können.

Der Weg vom Kurzzeit- ins Langzeitgedächtnis

Einüben – Vom Nutzen der Wiederholung

Durch Wiederholen bleiben Informationen im Kurzzeitgedächtnis gespeichert. Eine Telefonnummer, die Sie behalten möchten, können Sie einüben, indem Sie sie immer wieder vor sich hinsagen. Später werden Sie diese Nummer dann wahrscheinlich wählen können, ohne noch einmal nachzusehen. Mit weniger Aufwand können Sie die Nummer behalten, wenn Sie irgendeine Gesetzmäßigkeit in der Zahlenabfolge erkennen.

Kategorien zuordnen – Gruppen bilden

Dadurch, daß Sie ähnliche Einzelinformationen bestimmten Kategorien zuordnen oder unter allgemeineren Oberbegriffen zusammenfassen, können Sie mehr als sechs oder sieben Einzelinformationen gleichzeitig im Kurzzeitgedächtnis behalten. Das Bilden von Kategorien oder Gruppen hilft auch, Informationen aus dem Kurzzeitgedächtnis in das Langzeitgedächtnis zu überführen. Wenn Sie z. B. einen Großeinkauf auf dem Markt tätigen wollen, bedeutet es eine Belastung für Ihr Gedächtnis, alle Einzelheiten zu behalten. Ordnen Sie jedoch die einzelnen Posten zu bestimmten Gruppen wie Fleisch, Gemüse, Milchprodukte, dann fällt es Ihnen leichter, sich zu erinnern. Wenn Sie solche Gruppen bilden, geschieht zweierlei:

- Jede Einzelinformation wird mit anderen, ähnlichen Informationen zu einer größeren Einheit zusammengefaßt. (Möhren, Salat und Zwiebeln werden dem Begriff «Gemüse» zugeordnet.)
- Dieses Zusammenfassen bringt die einzelnen Informationen

in eine bestimmte Ordnung und hilft damit, sie so lange im Kurzzeitgedächtnis zu behalten, daß sie schließlich ins Langzeitgedächtnis übergehen. Je länger Informationen im Kurzzeitgedächtnis bleiben, desto größer ist die Wahrscheinlichkeit, daß sie ins Langzeitgedächtnis übernommen werden.

Zusammenfassend läßt sich sagen:
Das Kurzzeitgedächtnis
- empfängt und nutzt Informationen, die schnell wieder vergessen werden;
- festigt und ordnet Informationen, die in das Langzeitgedächtnis weitergeleitet werden.

In seinem Buch über das Gedächtnis benutzt Kenneth L. Highbee ein anschauliches Bild, um diese Vorgänge zu verdeutlichen. «Das Kurzzeitgedächtnis gleicht der Ablage auf einem Büroschreibtisch, das Langzeitgedächtnis aber den großen Aktenschränken. Die Ablage hat nur ein begrenztes Fassungsvermögen und muß immer wieder geleert werden, um Platz für neues Material zu schaffen. Ein Teil der gesammelten Unterlagen wird dabei weggeworfen, ein anderer in die Aktenschränke eingeräumt. Aber nichts gelangt in die Aktenschränke, das nicht vorher durch die Ablage gegangen ist.»

Das Langzeitgedächtnis

Das Langzeitgedächtnis wird häufig mit einer Bibliothek, einem riesigen Ordnungssystem oder einem Lagerhaus für Fakten verglichen. Dieses Lagerhaus besitzt eine nahezu unbegrenzte Kapazität. Die Fülle an Informationen, die jeder Mensch besitzt, ist erstaunlich. Elizabeth Loftus, Autorin des Buches «Memory» (Gedächtnis), stellt fest: «Man schätzt, daß das Langzeitgedächtnis im Laufe des Lebens eine Billiarde verschiedene Einzelinformationen speichert.» Durch Hypnose und bestimmte Drogen ist es möglich, Eindrücke und Erlebnisse aus früher Kindheit wieder ins Bewußtsein zu heben. Das zeigt, wie tief und dauerhaft Informationen im Gedächtnis verankert sein können.

Wie arbeitet das Langzeitgedächtnis?

Sie könnten neue Informationen nicht behalten, wenn diese nur einfach in Ihrem «Lagerhaus» Langzeitgedächtnis abgeladen würden. Neue Informationen müssen geordnet werden. Schon bei der Aufnahme beginnt dieser Ordnungsprozeß und wird in der Phase des Behaltens fortgesetzt.

Schlüsselbegriffe als Ordnungshilfen

Wenn Sie Informationen wiederholen und länger als dreißig Sekunden im Kurzzeitgedächtnis behalten, dann fassen Sie sie zusammen und verdichten sie. Sie beginnen auch, Einzelinformationen in unterschiedlichster Art und Weise zu ordnen und mit dem, was Sie bereits wissen, zu verknüpfen. Auf dem Wege vom Kurzzeit- ins Langzeitgedächtnis werden Informationen sortiert, Kategorien zugewiesen, bewertet und damit systematisch in ein Ordnungssystem gebracht. Um den Erinnerungsprozeß zu erleichtern, werden übergeordnete Schlüsselbegriffe oder -wörter gebildet.

Schlüsselbegriffe verdichten Informationen

Das Gehirn bildet ganz automatisch Schlüsselbegriffe, die neue Informationen so verdichten, daß sie leichter behalten werden können. Wenn Sie z. B. einen zweistündigen Film im Fernsehen gesehen haben, benötigen Sie nicht die gleiche Zeit, um einem Freund die Handlung zu erzählen. Sie greifen vielmehr wichtige Höhepunkte heraus und beschränken sich auf das Wesentliche. Dabei verdichten Sie Informationen und greifen bestimmte Einzelheiten heraus, die in diesem Fall Ihre Schlüsselbilder oder -begriffe werden. So können Sie sich vieles von dem, was Sie gesehen haben, ins Gedächtnis zurückrufen.

Auch die Pointe eines Witzes ist ein Beispiel dafür, wie ein Schlüsselbegriff Informationen zusammenfaßt und verdichtet. Wenn Sie sich an eine solche Pointe erinnern, fällt Ihnen auch der ganze dazugehörige Witz wieder ein. Das Schlüsselwort «Mabels Geburtstag» erinnert Sie möglicherweise daran, daß Sie Blumen und eine Geburtstagskarte besorgen sowie ein Abendessen für zwei Personen im Restaurant bestellen sollten. Und das Schlüsselwort «Staubschüssel» läßt Sie vielleicht an Sandstürme, Dürre, Erschöpfung, Armut und Not denken.

Schlüsselbegriffe verbinden neue Informationen mit bereits Bekanntem

Informationen werden auf unterschiedliche Weise in verschiedenen Bereichen des Gehirns geordnet. Das Gehirn verfügt über vielerlei Ordnungssysteme, die wechselweise in Verbindung treten können. Diese Ordnungssysteme ermöglichen es, Informationen immer dann zu finden und zu nutzen, wenn Sie sie aus Ihrem Gedächtnis abrufen möchten. Einen Namen können Sie sich z. B. durch den Klang seines Anfangsbuchstabens, durch die Silbenzahl und manchmal auch durch seine Bedeutung merken. Manche Namen können auch bestimmten Situationen zugeordnet werden, z. B., wo Sie die oder den Betreffenden kennengelernt haben, wer außerdem noch dabei war und was Sie gerade taten. Es gibt zahllose solcher Assoziationsmöglichkeiten. Wenn ein Schlüsselbegriff bei einer Assoziationskette nicht weiterhilft, probieren Sie andere aus. Schlüssel für Schlüssel und Stück für Stück rekonstruieren Sie dann die Information, an die Sie sich erinnern möchten. In Ihrem Langzeitgedächtnis stehen Ihnen zahllose Assoziationsmöglichkeiten zur Verfügung.

Jeder Mensch bildet seine eigenen, ganz individuellen Schlüsselbegriffe

Die Fähigkeit, wirkungsvolle «Schlüssel» zu bilden, ist von Mensch zu Mensch verschieden. Außerdem hängt sie vom Alter und von der jeweiligen Situation ab. Jemand, der schlecht Witze behalten kann, ist u. U. sehr gut in der Lage, Schlüsselbegriffe in anderen Bereichen zu bilden. Er kann vielleicht gut die Handlung eines Buches behalten, sich an Namen oder Gesichter erinnern oder weiß, wie man eine elektrische Anlage repariert. Andere haben vielleicht einen guten Orientierungssinn. Wenn sie einmal an einem bestimmten Ort waren, fällt es ihnen leicht, wieder dorthin zu gelangen. Menschen nutzen die Schlüsselbegriffe, mit deren Hilfe sie sich erinnern, sehr individuell.

«Das Aufnehmen einer Information löst automatisch einen ganzen Prozeß aus. Es ist niemals so, daß ein neuer Sachverhalt einfach auftaucht und sich im Gedächtnis festsetzt.» (Mark Brown)

Wissensgedächtnis und Erfahrungsgedächtnis

Psychologen unterscheiden beim Langzeitgedächtnis zwei verschiedene Bereiche: das Wissensgedächtnis und das Erfahrungsgedächtnis.

Das Wissensgedächtnis

Das Wissensgedächtnis ist zuständig für allgemeines Faktenwissen. Es basiert auf der Fähigkeit, Worte und Vorstellungen zu verstehen, z. B., daß es einen Kontinent mit Namen Europa gibt, daß einige Gebäude Einfamilienhaus, andere Wohnblock genannt werden, daß ein Kilometer gleich 1000 Meter ist, daß Bananen und Apfelsinen Früchte sind usw. Das Wissensgedächtnis speichert alle Informationen, durch die Sie in die Lage versetzt werden, mit Sprache umzugehen, logisch zu denken, Probleme zu lösen, sich auszudrücken und zu verstehen, was andere meinen. Es speichert das gesamte Faktenwissen, das Sie sich im Laufe Ihres Lebens angeeignet haben.

Das Erfahrungsgedächtnis

Das Erfahrungsgedächtnis speichert große und kleine Ereignisse und Erlebnisse, durch die Ihre persönliche Lebensgeschichte bestimmt ist. Es behält alles – angefangen von den Erinnerungen an Ihren ersten Schultag bis hin zum wichtigsten Augenblick Ihres Lebens. Es hält Erinnerungen fest an Freude und Leid, an gute und schlechte Zeiten und an alles, was dazwischenliegt. Es weiß, wen Sie gestern unter welchen Umständen getroffen haben, was es heute bei Ihnen zum Mittagessen gab, was Sie sich für morgen oder nächste Woche zu tun vorgenommen haben.

Das Erfahrungsgedächtnis sammelt alle Sinneseindrücke und Gefühle, die Ihr Leben bestimmen. Es hält all die Veränderungen und Ereignisse fest, die entscheidend für Ihre innere und äußere Welt sind und Ihre Persönlichkeit und alltägliche Handlungsweise wesentlich mitbestimmen. Da das Erfahrungsgedächtnis ständig wechselnde Eindrücke bewältigen muß, behält es nicht allzu viele Einzelheiten. Demgegenüber werden Informationen im Wissensgedächtnis fester verankert.

Je älter Menschen werden, desto häufiger betreffen ihre Gedächtnisprobleme das Erfahrungsgedächtnis. Wissen und gespeicherte Erfahrungen aus früheren Zeiten werden dagegen noch relativ verläßlich erinnert.

Mit Hilfe der folgenden Beispiele können Sie Ihr Wissens- und Erfahrungsgedächtnis testen. Stellen Sie fest, welche Fragen Sie ohne Schwierigkeiten beantworten können und welche nicht.

Testen Sie Ihr Wissensgedächtnis

1. In welcher Himmelsrichtung geht die Sonne auf, in welcher geht sie unter?
2. Wer war der erste Kanzler der Bundesrepublik Deutschland?
3. Nennen Sie einen Bestandteil von Käse.
4. Wie heißt der Film mit Clark Gable und Vivien Leigh in den Hauptrollen, der im amerikanischen Bürgerkrieg spielt?
5. Wieviel Meter hat ein Kilometer?

Testen Sie Ihr Erfahrungsgedächtnis

1. Wann haben Sie zuletzt auswärts gegessen und mit wem?
2. Wann sind Sie als Kind zum erstenmal geschlagen oder bestraft worden? Wofür?
3. Wie haben Sie vom Ende des Zweiten Weltkriegs erfahren?
4. Was haben Sie letzten Dienstag zu Abend gegessen?
5. Wer hat Sie gestern angerufen, und was wollte sie oder er von Ihnen?

Haben Sie festgestellt:

1. Für welche Antworten Sie länger gebraucht haben – für die zum Faktenwissen oder für die zu Ihren persönlichen Erfahrungen?
2. Bei welchen Fragen mußten Sie länger nachdenken?
3. Welche Fragen haben Sie ganz automatisch beantwortet?

Diese Fragen zeigen Ihnen, daß manche Dinge in Ihrem Wissensgedächtnis gut eingeordnet und verankert sind, weil sie über einen langen Zeitraum hinweg wiederholt werden konnten. Kurz zurückliegende Erfahrungen können dagegen nicht so leicht aus dem Gedächtnis abgerufen werden, weil keine ausreichende Möglichkeit bestand, sie zu wiederholen (wie in Frage 5) oder kein besonderer Grund vorlag, sie sich einzuprägen (wie in Frage 4). Im Gegensatz dazu fällt es oft leicht, sich an weiter zurückliegende Informationen zu erinnern, weil diese inzwischen gut in das Gedächtnis eingebunden, viele Male wiederholt und – wie geschichtliche Ereignisse – fest und unverändert verankert sind.

Antworten zu den Wissensfragen:

1. Die Sonne geht im Osten auf und im Westen unter.
2. Konrad Adenauer
3. Milch
4. Vom Winde verweht
5. Ein Kilometer hat 1000 Meter

Die Theorie über das Kurzzeit- und Langzeitgedächtnis ist hier behandelt worden, um zu erklären, auf welche Art und Weise der Mensch Informationen behält. Obwohl es noch andere Theorien zur Informationsspeicherung gibt, liefert sie die zur Zeit wohl beste Erklärung für das Behalten von Informationen.

Zusammenfassung

Behalten bedeutet, aufgenommene Informationen zu speichern. Dieser Vorgang spielt sich in zwei verschiedenen Gedächtnisspeichern ab – im *Kurzzeitgedächtnis* und im *Langzeitgedächtnis.*

Das Kurzzeitgedächtnis

1. empfängt und nutzt Informationen, die anschließend schnell wieder vergessen werden;
2. wiederholt und ordnet Informationen, die dann ins Langzeitgedächtnis übernommen werden.

Das Kurzzeitgedächtnis vergißt schnell

Ohne Wiederholung werden im Kurzzeitgedächtnis gespeicherte Informationen nach ungefähr 30 Sekunden vergessen. Eine Telefonnummer kann man sich z. B. gerade lange genug merken, um sie wählen zu können.

Das Kurzzeitgedächtnis ist störanfällig

Wenn Sie sich auf etwas konzentrieren, kann das Kurzzeitgedächtnis diese Information aufnehmen. Werden Sie jedoch abgelenkt, gerät die ursprüngliche Information leicht in Vergessenheit.

Das Kurzzeitgedächtnis ist nur begrenzt aufnahmefähig

Die meisten Menschen können ungefähr sechs oder sieben Einzelinformationen gleichzeitig im Kurzzeitgedächtnis behalten. Diese begrenzte Kapazität bestimmt, wie viele Informationen Sie auf einmal bewältigen können. Sie können das Aufnahmevermögen Ihres Kurzzeitgedächtnisses erhöhen, indem Sie Einzelinformationen zur besseren Erinnerung ordnen und zu Gruppen zusammenfassen.

Vom Kurzzeit- ins Langzeitgedächtnis

Wiederholen oder Üben hält Informationen im Kurzzeitgedächtnis fest. Je länger Informationen im Kurzzeitgedächtnis bleiben, desto wahrscheinlicher ist es, daß sie ins Langzeitgedächtnis übergehen. Dabei werden Informationen geordnet, Kategorien zugewiesen und in ein System gebracht. Durch eine Vielzahl von Assoziationen werden sie mit Kenntnissen verbunden, die bereits im Langzeitgedächtnis gespeichert sind.

Das *Langzeitgedächtnis* wird mit einem riesigen Ordnungssystem oder einem Faktenspeicher verglichen. Es hat eine nahezu unbegrenzte Kapazität.

Das Ordnen gespeicherter Informationen im Langzeitgedächtnis

Es wäre unmöglich, sich Informationen ins Gedächtnis zurückzurufen, wenn diese einfach ungeordnet im «Lagerhaus» Langzeitgedächtnis angehäuft würden. Schlüsselbegriffe helfen, Ordnung zu schaffen.

Schlüsselbegriffe

Ihr Gehirn setzt den im Kurzzeitgedächtnis begonnenen Prozeß fort – es verdichtet neue Informationen und faßt sie zu überschaubaren Schlüsselbegriffen zusammen.

Schlüsselbegriffe stellen Verbindungen her zu bereits vorhandenem Wissen.

Wenn Sie sich an einen Schlüsselbegriff erinnern, dann können Sie sich mit seiner Hilfe auch an andere Einzelheiten erinnern, die mit ihm zusammmenhängen.

Schlüsselbegriffe für neu aufgenommene Informationen bilden Sie auf vielerlei Art und Weise und in verschiedenen Bereichen Ihres Gehirns.

Zwischen neuen Informationen und bereits Bekanntem werden zahllose Assoziationen hergestellt.

Das Langzeitgedächtnis umfaßt das Wissensgedächtnis und das Erfahrungsgedächtnis

Das Wissensgedächtnis speichert Faktenwissen, das Sie sich im Verlauf Ihres Lebens angeeignet haben. Es behält alles, was Sie brauchen, um mit Sprache umzugehen, logisch zu denken, Probleme zu lösen, sich auszudrücken und zu verstehen, was andere meinen.

Das Erfahrungsgedächtnis speichert all die großen und kleinen Ereignisse, durch die Ihre persönliche Lebensgeschichte geprägt ist. Es bestimmt ganz wesentlich Ihre Persönlichkeit und Handlungsweise. Da es ständig wechselnden Eindrücken ausgesetzt ist, vergißt das Erfahrungsgedächtnis leichter als das Wissensgedächtnis.

Kapitel IV

Die Stecknadel im Heuhaufen finden – Informationen ins Gedächtnis zurückrufen

Informationen ins Gedächtnis zurückzurufen bedeutet, aufgenommene und im Langzeitgedächtnis gespeicherte Informationen wiederzufinden und sich bewußt zu machen.

Ins Gedächtnis zurückrufen

Wiedererkennen Sich wieder erinnern

Informationen werden dadurch ins Gedächtnis zurückgerufen, daß wir sie wiedererkennen oder uns wieder an sie erinnern. Wiedererkennen bedeutet, daß die Information, um die es geht, mit bereits Bekanntem verglichen werden muß. Wenn Sie sich wieder erinnern wollen, setzt das voraus, daß Sie bestimmte Informationen in Ihrem Gedächtnis suchen und bewußt reproduzieren. Meist ist es schwieriger, sich wieder zu erinnern, als etwas nur wiederzuerkennen, und wenn jemand sagt: «Das fällt mir nicht ein», dann meint er in der Regel, daß er sich an etwas nicht mehr erinnern kann.

Um sich an eine früher gespeicherte Information wieder zu erinnern, ist es notwendig,

- 1. das Gedächtnis aktiv nach dieser Information zu durchsuchen,
- 2. diese Information bewußt zu reproduzieren.

Meistens erfolgt das Zurückrufen von Informationen so schnell, daß der Vorgang ganz automatisch abzulaufen scheint – Sie verschwenden keinen Gedanken daran. Nur wenn Sie Schwierigkeiten haben, sich an etwas zu erinnern, wird Ihnen klar, wie mühsam Sie nach der gewünschten Information suchen müssen.

«Es liegt mir auf der Zunge»

Ihr Gedächtnis enthält eine unglaubliche Fülle von Informationen, von denen einige jedoch nicht zu jedem beliebigen Zeitpunkt abrufbar sind. Obwohl die gewünschte Information gespeichert ist, haben Sie das Gefühl, eine Nadel im Heuhaufen suchen zu müssen. Sie wissen, daß diese Information irgendwo in Ihrem Gedächtnis vorhanden ist, aber Sie können sie nicht dingfest machen.

Wenn Sie sich an den Namen eines Bekannten nicht erinnern können, dann haben Sie oft das Gefühl, daß er Ihnen «auf der Zunge liegt». Sie sind sicher, daß Sie den Namen kennen, aber er ist im Augenblick nicht verfügbar. Sie können sich vielleicht die betreffende Person genau vorstellen, oder Sie erinnern sich an einen Teil des Namens oder an einen ähnlichen oder an den Rhythmus oder Klang des Namens. Oder Sie erinnern sich an andere Dinge, die mit diesem Menschen zusammenhängen, vielleicht an den Ort Ihres Kennenlernens, an seine Freunde usw. Sie sind *fast* in der Lage, sich an den Namen zu erinnern, können ihn aber doch nicht nennen. Schließlich sagen Sie: «Er liegt mir auf der Zunge», weil Sie wissen, daß Sie ihn irgendwo im Gedächtnis gespeichert haben. Sie versuchen es mit allen verfügbaren Schlüsselwörtern und Assoziationen, aber er fällt Ihnen einfach nicht ein. Während Sie die verschlungenen Assoziationspfade durchforschen, die zu der gesuchten Information führen könnten, ist eine Art inneres Kontrollgerät eingeschaltet, das Sie immer wieder auffordert: «Los, erinnere dich! Wenn du das Gesuchte auf dem einen Weg nicht findest, versuche es auf anderen, bis du ans Ziel kommst.»

Die Suche könnte etwa nach folgendem Muster ablaufen: «Wie hieß noch die Frau mit den lockigen Haaren, die mit Herrn Schmidt befreundet ist? ... Ich meine, ich habe sie in der Kirche kennengelernt, oder war es im Club, als Helga Grün uns miteinander bekannt machte? Ich glaube, ihr Name beginnt mit R, oder war es B? Frau Reimers, nein, das stimmt nicht – Frau Beimel, ja, das ist es! Und ihr Vorname, war das nicht ein biblischer? – Sarah, Rebecca, Judith? Nein, keiner davon. Versuchen wir es mit dem Neuen Testament. Elisabeth, Martha, Maria? Das kommt der Sache schon näher. Es hat irgend etwas mit Maria zu tun. Marianne, Maria-Elisabeth? Ah, mir fällt ein, sie hieß ja genauso wie meine Enkelin – Annemarie. Nein, doch nicht ganz, aber es hat etwas mit einer Blume zu tun. Ah, jetzt hab ich's – Rosemarie – Rosemarie Beimel. Endlich!»

Das Kontrollgerät erkennt, wonach Sie suchen, und verwirft Informationen, die nicht weiterführen. Gelegentlich zögert es jedoch bei einem Wort, das dem gesuchten sehr ähnlich ist. So lautet in diesem Fall der gesuchte Name Rosemarie, Ihnen aber geht der Name Annemarie – so heißt Ihre Enkelin – nicht aus dem Kopf. Es fällt Ihnen schwer, sich an «Rosemarie» zu erinnern, weil dieser Name durch «Annemarie» blockiert ist.

Ohne daß Sie sich dessen bewußt sind, arbeitet das Kontrollgerät aber auch weiter, wenn Sie längst Ihre Versuche aufgegeben haben, und oft fällt Ihnen der richtige Name dann später ganz plötzlich ein. Es kann schon verblüffend sein, mitten in der Nacht aufzuwachen und sich plötzlich an einen Namen zu erinnern, nach dem man tagsüber vergeblich gesucht hat. Sie haben sicher alle schon einmal die Freude und das Gefühl der Erleichterung erlebt, wenn Ihnen eine Information nach langem Suchen plötzlich wieder einfiel.

Assoziationsverflechtungen

Das Gefühl «Es liegt mir auf der Zunge» deutet darauf hin, daß eine gewünschte Information sich nicht an der Stelle im Langzeitgedächtnis befindet, an der Sie sie vermuten. Der gesuchte Name ist auf vielerlei Weise eingeordnet und gespeichert, eingebettet in ein Geflecht von Assoziationen. Um sich an ihn erinnern zu können, müssen Sie die Schlüssel zu den Assoziationen finden, die Sie zum eigentlichen Namen hinführen.

Die Tatsache, daß Sie den Namen mit Hilfe verschiedener Schlüsselwörter gewissermaßen eingekreist haben, zeigt, daß Informationen Stück für Stück ins Gedächtnis zurückgerufen werden können. Obwohl Sie sich oft nur bruchstückartig an etwas erinnern, können Sie die gesamte gespeicherte Information durch eine Serie von Schlüsselwörtern nach und nach erreichen. Neben Wörtern und Begriffen können auch Eindrücke, Gerüche, Geräusche oder Geschmacksempfindungen solche Schlüsselfunktionen übernehmen.

Wenn Sie wieder einmal das Gefühl haben, «Es liegt mir auf der Zunge», dann nehmen Sie sich etwas Zeit und machen sich bewußt, mit Hilfe welcher Schlüssel Sie sich früher an die gesuchte Information herangearbeitet haben. Das ist nicht nur angenehm und beruhigend für Sie, sondern es hilft auch, diese Information noch sicherer in Ihrem Gedächtnis zu verankern. Beim nächstenmal bleibt Ihnen dann vielleicht die Qual des Suchens erspart.

Wiedererkennen

Warum fällt es uns leicher, das Gesicht eines Menschen wiederzuerkennen, als uns an seinen Namen zu erinnern?

Beim Erinnern müssen Sie zuerst alle Informationen zusammensuchen, die erforderlich sind, um den Namen zu nennen, und diese dann auch noch kombinieren. Beim Wiedererkennen dagegen wird Ihnen die Information geliefert, und Sie entscheiden, ob sie zu dem, was Sie bereits wissen, paßt. Sie blicken beispielsweise einen Menschen flüchtig an und denken: «Ich kenne Rosemarie Beimel. Sie ist die Frau mit den lockigen Haaren, dem groben Gesicht und den blauen Augen. Ich kann eine Verbindung herstellen zwischen ihrer Erscheinung und ihrem Namen. Jene dunkelhaarige Frau mit dem schmalen Gesicht und dem Nackenknoten sieht aber gar nicht wie Rosemarie aus, also muß es jemand anderes sein.»

Laut Wörterbuch bedeutet «wiedererkennen» soviel wie «wieder wissen; als identisch mit etwas früher Gewußtem erkennen». Weil Wiedererkennen nur verlangt, unter einer begrenzten Anzahl von Alternativen zu wählen, ist es generell einfacher, als sich zu erinnern.

Die folgenden Fragen zeigen die unterschiedlichen Anforderungen an das Gedächtnis, je nachdem, ob Sie sich erinnern oder etwas wiedererkennen. Jede Frage wird zweimal gestellt. Beim erstenmal sollen Sie sich erinnern, in der Wiederholung sollen Sie die Information wiedererkennen.

Sich erinnern

Beantworten Sie die folgenden Fragen:

1. Wer spielte die Hauptrolle in dem Film «Die Sünderin»?
2. Wer war während des Zweiten Weltkrieges englischer Premierminister?
3. Wie hieß der Bundestrainer, unter dem die Fußballmannschaft der Bundesrepublik Deutschland 1954 Weltmeister wurde?
4. Wie heißt die Hauptstadt Kanadas?
5. Wer schrieb den Roman «Krieg und Frieden»?

Wiedererkennen

Kreuzen Sie jeweils die richtige Antwort an:

1. Wer spielte die Hauptrolle in dem Film «Die Sünderin»?
   a) Elisabeth Flickenschild b) Hildegard Knef
   c) Ilse Werner d) Grethe Weiser
2. Wer war während des Zweiten Weltkrieges englischer Premierminister?
   a) Neville Chamberlain b) Clement R. Attlee
   c) Winston Churchill d) Anthony Eden
3. Wie hieß der Bundestrainer, unter dem die Fußballmannschaft der Bundesrepublik Deutschland 1954 Weltmeister wurde?
   a) Fritz Walter b) Franz Beckenbauer
   c) Günther Müller d) Sepp Herberger

4. Wie heißt die Hauptstadt Kanadas?
   a) Ottawa b) Philadelphia
   c) Sydney d) Pretoria
5. Wer schrieb den Roman «Krieg und Frieden»?
   a) Goethe b) Thomas Mann
   c) Hemingway d) Tolstoi

Die Antworten

1. Hildegard Knef
2. Winston Churchill
3. Sepp Herberger
4. Ottawa
5. Tolstoi

Die Bedeutung der fünf Sinne für das Wiedererkennen

Außer dem Sehen sind auch die anderen Sinne von größter Bedeutung für das Wiedererkennen. Mit Hilfe des Gehörsinns können Sie «Happy Birthday» oder die Stimme Ihrer Enkelin wiedererkennen. Der Geruchssinn ermöglicht es Ihnen, sich an den Duft des Parfüms zu erinnern, das Ihre Mutter früher benutzte, oder zu merken, daß die Plätzchen im Backofen fertig sind. Durch den Tastsinn spüren Sie warmen Sand unter den Füßen oder eine kratzige Jacke auf der Haut. Der Geschmackssinn identifiziert einen Schokoladenkuchen oder ranzige Butter.

Täglich erkennen Sie durch den Gebrauch Ihrer Sinne zahllose Dinge wieder, und normalerweise erscheint Ihnen das ganz selbstverständlich. Wenn aber der eine oder andere Sinn weniger sensibel wird, lernen Sie seine Bedeutung erst richtig zu schätzen, und es wird Ihnen klar, welch wertvolle Mittler die Sinne zwischen Ihnen und der Welt sind.

Wenn wir uns Dinge durch Erinnern und Wiedererkennen ins Gedächtnis zurückrufen, so handelt es sich bei diesem Vorgang um das Ergebnis eines dreistufigen Prozesses:

1. Informationen werden exakt aufgenommen.
2. Sie werden sorgfältig gespeichert.
3. Sie werden bei Bedarf gefunden.

Zusammenfassung

Etwas ins Gedächtnis zurückrufen bedeutet, aufgenommene und gespeicherte Informationen wieder verfügbar zu machen. Das kann durch Erinnern oder Wiedererkennen geschehen.

Erinnern

Wenn Sie sich an etwas erinnern, durchforschen Sie Ihr Gedächtnis nach der gewünschten Information, und nachdem Sie sie gefunden haben, können Sie sie reproduzieren. Dieses Erinnern hängt davon ab, wie gut Sie die gesuchte Information eingeordnet haben – wie viele Schlüsselbegriffe Sie gebildet haben und durch wie viele Assoziationen diese Schlüsselbegriffe mit anderen gespeicherten Informationen verknüpft sind.

Manchmal bemühen Sie sich verzweifelt, sich an etwas zu erinnern. Sie sind ganz sicher, daß Sie es wissen, und haben das Gefühl, «Es liegt mir auf der Zunge», aber es fällt Ihnen im Augenblick einfach nicht ein. In einem solchen Fall sind scheinbar verlorene Informationen im Langzeitgedächtnis nicht dort eingeordnet, wo sie vermutet werden. Um sie ins Gedächtnis zurückzurufen, ist es notwendig, die passenden Schlüssel zu finden.

Wörter, Eindrücke, Gerüche, Geräusche, Geschmacksempfindungen sind solche Schlüssel, die Assoziationswege aufzeigen und es Ihnen ermöglichen, gesuchte Informationen zu finden.

Wiedererkennen

Wenn Sie etwas wiedererkennen, entscheiden Sie, ob eine vorliegende Information zu dem paßt, was Sie suchen. Das ist normalerweise leichter, als sich zu erinnern. Beim Erinnern müssen Sie auf der Suche nach Schlüsselbegriffen ganz von vorne beginnen. Beim Wiedererkennen dagegen sind Ihnen bestimmte Schlüssel bereits vorgegeben, und Sie haben nur zu entscheiden, ob es die richtigen sind. Ihre Sinne spielen beim Wiedererkennen eine wichtige Rolle. Durch sie identifizieren Sie täglich unzählige Dinge.

Wenn wir uns Dinge durch Erinnern und Wiedererkennen ins Gedächtnis zurückrufen, so handelt es sich bei diesem Vorgang um das Ergebnis eines dreistufigen Prozesses:

1. Informationen werden exakt aufgenommen.
2. Sie werden sorgfältig gespeichert.
3. Sie werden bei Bedarf gefunden.

Kapitel V

Warum wir vergessen

Womit haben Sie sich am 2. Juni 1978 beschäftigt? Was haben Sie letzten Donnerstag zu Mittag gegessen? Wie lauteten vorgestern die Schlagzeilen der Zeitungen? Die meisten Menschen vergessen derartige Informationen, es sei denn, sie haben einen besonderen Grund, sie sich zu merken.

Wenn wir nicht vergäßen, würde das Gedächtnis von einer Flut nutzloser Informationen überschwemmt und könnte die täglichen Anforderungen gar nicht mehr bewältigen. In vielen Fällen ist das Vergessen natürlich und notwendig. Es ergibt sich aus dem Umstand, daß Sie für sich Wichtiges und Nützliches auswählen, und es schafft Raum für wirklich notwendige Informationen.

Wir vergessen auf ganz verschiedene Art und Weise und aus sehr unterschiedlichen Gründen. Eine weit verbreitete Form des Vergessens ist die Zerstreutheit.

Zerstreutheit

Wenn jemand geistig «abwesend» ist, weil er an etwas anderes denkt, kann er keine Informationen aufnehmen. Diese Form des Vergessens ist etwas anderes als die Unfähigkeit, sich an bereits aufgenommene und gespeicherte Informationen zu erinnern. Menschen aller Altersgruppen neigen in unterschiedlichem Maße dazu, zerstreut zu sein, aber im allgemeinen nimmt die Zerstreutheit im Alter häufig zu. Meist zeigt sie sich bei folgenden Gelegenheiten:

1. Wenn Sie sich in vertrauter Umgebung befinden.
2. Wenn Sie etwas, das wenig Aufmerksamkeit und Konzentration erfordert, gewohnheitsmäßig und automatisch erledigen.
3. Wenn Sie abgelenkt oder mit etwas anderem beschäftigt sind und nicht unter starkem äußerem Druck stehen.

Zerstreutheit hängt aber nicht nur vom Alter ab, sondern ist teilweise auch in der Persönlichkeit begründet. Ein Mensch, der sich leicht ablenken läßt und wenig auf Einzelheiten achtet, ist in der Regel schon immer so gewesen. Mit zunehmendem Alter wird sich seine Zerstreutheit aber wahrscheinlich noch stärker ausprägen. Das Gegenteil eines «zerstreuten Professors» ist ein Mensch, der auf jedes Detail achtet und alles bis in die letzte Einzelheit plant. Er vergißt sehr viel weniger leicht etwas, weil er sein ganzes Leben lang trainiert hat, auf Einzelheiten zu achten und Gedächtnisstützen wie Listen, Kalender usw. zu Hilfe zu nehmen. Wenn er älter wird, entwickelt er wahrscheinlich noch weitere Methoden, um nichts zu vergessen. Die meisten Menschen liegen zwischen diesen beiden Extremen.

Wenn Zerstreutheit in erster Linie das Ergebnis von mangelnder Aufmerksamkeit ist, dann kann sie durch bewußte Konzentration beim Aufnehmen von Informationen vermindert werden. Verlegen Sie z. B. ständig Ihre Brille, dann sollten Sie beim Ablegen laut zu sich selbst sagen: «An diese Stelle (z. B. auf diesen Tisch neben die Lampe) lege ich jetzt meine Brille, ich sollte besser auf sie aufpassen und mir merken, was ich gerade tue.» Zerstreutheit ist nicht heilbar. Sie kann nur gebessert werden, indem Sie lernen, sich bewußt auf eine Sache zu konzentrieren.

Ohne Training keine Leistung

Es gibt eine Theorie, die besagt, daß Zeit und mangelnder Gebrauch das Gedächtnis beeinflussen. Mit der Zeit vergessen wir Dinge, und ihr Bild verblaßt. Viele Menschen erinnern sich z. B. vage an irgend etwas, das sie früher einmal in der Schule gelernt haben, aber da sie ihre Kenntnisse nie angewendet haben, werden solche Erinnerungen immer schwächer. Diese Theorie erscheint einleuchtend, aber sie erklärt nur zum Teil, warum wir vergessen.

Vergessen durch Überlagerung

Eine andere Theorie besagt, daß bestimmte Formen des Vergessens durch Überlagerung (Interferenz) in unserem inneren Ordnungssystem entstehen. In dem riesigen Speicherraum des Langzeitgedächtnisses befinden sich anfangs nur relativ wenige Ordnungssysteme, im Alter von sechs oder sieben Jahren hatten Sie vielleicht ein paar tausend gespeichert. Im Laufe der Zeit, wenn Sie sechzig oder siebzig Jahre alt geworden sind, verfügen Sie u. U. aber über mehrere Milliarden von Ordnungssystemen. Mit sechs Jahren war es daher sehr viel einfacher, die richtige Information wieder aufzufinden, als mit sechzig. Mit einem weit weniger komplizierten Ordnungssystem war bei der Sechsjährigen die Gefahr viel geringer, daß gespeicherte Informationen durch neu hinzugekommene überlagert wurden. Mit zunehmendem Alter aber treten solche Überlagerungen häufiger auf. Wenn später gebildete Ordnungssysteme früher entstandenen ähneln, wird es u. U. schwierig, sich die richtigen Informationen wieder ins Gedächtnis zurückzurufen. Das kann z. B. passieren, wenn Sie nach einem Namen wie Rosemarie suchen und bei Annemarie hängenbleiben. Erinnerungen sind miteinander verknüpft und gehen oft ineinander über.

Überlagerung findet statt, wenn neue Informationen, die Sie zu lernen oder zu behalten versuchen, durch bereits Bekanntes blokkiert werden. Falls Sie früher einmal Französisch gelernt haben, dann stellen Sie beim Studium einer neuen Fremdsprache sicher gelegentlich fest, daß Ihnen bei der Suche nach einem bestimmten Wort dieser Sprache plötzlich die entsprechende französische Vokabel einfällt. Oder Sie können sich in Ihrer neuen Küche nicht merken, wo Sie bestimmte Dinge aufbewahren, weil das System der alten Küche die neue Anordnung überlagert.

Zu Überlagerungen kann es aber auch kommen, wenn neuere Informationen bereits länger gespeicherte blockieren. So können Ereignisse der vergangenen Woche die Erinnerung an Vorfälle des letzten Monats überlagern. Sie erinnern sich vielleicht, wen Sie gestern auf der Straße getroffen haben, nicht aber, wem Sie im letzten November begegnet sind.

Verzerrte Erinnerungen

«Wir ergänzen verblaßte Erinnerungen aus der Fülle unserer Vorstellungskraft.» (Elizabeth Loftus)

Fast alle Erinnerungen verblassen. Aus einer Erfahrung filtern Sie stets nur die Ereignisse und Eindrücke heraus, die Ihnen wichtig erscheinen, und es gibt keine zwei Menschen, die sich genau auf die gleiche Art und Weise erinnern. Eine Erinnerung hängt immer von demjenigen ab, der sich erinnert. Die Erinnerung an ein Ereignis oder Erlebnis wird durch Ihre Gefühle und Ihre Sicht der

Dinge beeinflußt. Unbewußt verändern Sie u. U. Einzelheiten, damit das Ganze Ihren Wünschen besser entspricht oder Ihrer Meinung nach sinnvoller ist. Derart selektiertes Erinnern kann man oft beobachten, wenn jemand an die «guten alten Zeiten» zurückdenkt.

Manchmal mißverstehen wir auch, was wir sehen oder hören, und die aufgenommenen Informationen werden fehlgeleitet. So könnte der Anblick eines Mannes mit einem Dolch in der Hand durchaus unterschiedliche Interpretationen zulassen:

- Er will gerade jemanden töten.
- Er ist im Begriff, Selbstmord zu begehen.
- Er hat ein Mordopfer entdeckt und gerade den Dolch aus der Wunde gezogen.
- Er sammelt Dolche und untersucht gerade ein Exemplar seiner Kollektion.

Auf welche Art Sie diese Information einordnen, hängt davon ab, wie Sie sie bei der Aufnahme interpretieren.

Informationen, die nicht angemessen eingeordnet sind, sind oft nur sehr mühsam wieder ins Gedächtnis zurückzurufen, weil man sie am falschen Ort sucht. Die Suche nach Ihrem geparkten Auto kann z. B. ausgesprochen entnervend sein, wenn Sie überzeugt sind, an der richtigen Stelle zu suchen, in Wirklichkeit aber den Wagen irgendwo anders abgestellt haben.

Verdrängte Erinnerungen

Nach Sigmund Freud verdrängen wir beängstigende, unerfreuliche und für uns unangenehme Erinnerungen aus unserem Bewußtsein. Dadurch brauchen wir uns nicht unmittelbar mit diesen negativen Gedanken zu beschäftigen. Mehr oder weniger stark verdrängt jeder Mensch Erinnerungen, weil das, was wir bei einer bestimmten Begebenheit empfinden, die Art unserer Erinnerungen beeinflußt.

Zusammenfassung

Für das Vergessen von Informationen gibt es eine ganze Reihe einleuchtender Gründe, vor allem, wenn wir älter werden. Voreingenommenheit, Zerstreutheit, Gefühle und möglicherweise auch mangelnde Übung beeinflussen die Erinnerungsfähigkeit. Überlagerungen nehmen zu, weil wir alle hochkomplizierte und umfangreiche Ordnungssysteme entwickelt haben. Es ist nicht verwunderlich, daß wir gelegentlich Fehler machen.

Kapitel VI

Lassen meine geistigen Fähigkeiten nach? – Altern und Gedächtnis

Dieses Kapitel beschäftigt sich mit individuellen Unterschieden bei altersbedingten Gedächtnisveränderungen. Außerdem geht es um die Frage, wie sich abnehmende Energie und Reaktionsgeschwindigkeit auf das Gehirn auswirken.

In diesem Zusammenhang werden abnorme Gedächtnisveränderungen einschließlich der Alzheimer Krankheit untersucht, die durch Funktionsstörungen des Gehirns bedingt sind. Es wird gezeigt, daß bestimmte Gedächtnisprobleme erfolgreich behandelt werden können, und mit Nachdruck darauf hingewiesen, daß schwere Gedächtnisfunktionsstörungen nur eine sehr kleine Zahl älterer Menschen betreffen. Auch Auswirkungen von Depressionen auf das Gedächtnis kommen zur Sprache, wobei unterschieden wird zwischen normalem Traurigsein und klinischen Depressionen.

Abschließend befaßt sich dieses Kapitel mit Intelligenz und Lernverhalten in der zweiten Lebenshälfte. Obwohl ältere Menschen u. U. langsamer reagieren, bleibt ihre Fähigkeit, zu lernen und sich weiterzuentwickeln, durchaus erhalten und kann sogar noch zunehmen. Senioren befinden sich in der einmaligen Lage, ihre Erfahrungen und ihr Wissen bei der Entwicklung alter und neuer Interessen und Talente nutzen zu können und mit Hilfe ihres Verstandes aktiv, wach und engagiert am Leben teilzunehmen.

Jeder Mensch ist ein Individuum

Oft wird von «alten Menschen» oder «Senioren» gesprochen, als handele es sich dabei um eine absolut homogene Gruppe. Natürlich haben ältere Menschen – wie andere Altersgruppen auch – spezielle Grundbedürfnisse und Probleme. Aber wie in jeder anderen Altersgruppe gibt es auch unter den Senioren erhebliche individuelle Unterschiede.

Wenn Menschen pauschal beurteilt werden, entstehen bestimmte klischeehafte Erwartungen im Hinblick auf ihr Verhalten. So nehmen wir häufig an, daß das Leben alter Menschen in eingefahrenen Gleisen verläuft und daß sie geistig unbeweglich, vergeßlich, geistesabwesend und manchmal verwirrt sind. Vielleicht halten wir sie sogar für unfähig, mit dem Leben fertig zu werden, nur weil sie langsamer auf das reagieren, was um sie herum geschieht.

Derart klischeehafte Vorstellungen lassen unberücksichtigt, daß es Unterschiede gibt zwischen Sechzig- und Siebzigjährigen und Achtzig- und Neunzigjährigen. Sie verkennen auch, daß erhebliche individuelle Unterschiede innerhalb dieser Alterskategorien bestehen.

Wenn wir alte Menschen mit solchen Klischees belegen, schaffen wir einen Mythos, der besagt, daß ein alter Mensch zwangsläufig ein minderwertiger Mensch ist. Derartige Vorurteile beziehen sich besonders häufig auf die angebliche Verschrobenheit, schlechte Gesundheit, Armut und Einsamkeit älterer Menschen. Leider gibt es immer wieder Senioren, die solche Vorstellungen übernehmen. Die meisten älteren Menschen aber durchschauen diesen Mythos und lehnen ihn ab, weil sie wissen, daß es sich dabei nur um eine stark vereinfachte Halbwahrheit handelt.

Altern muß nicht gleichbedeutend sein mit Krankheit oder Verfall. Fähigkeiten und Interessen «erlöschen» nicht einfach in einem bestimmten Alter. Viele ältere Menschen führen ein aktives und erfülltes Leben. Sie gehen interessanten und kreativen Aktivitäten nach und sind fest in ihre jeweilige Gemeinschaft – Freundeskreis oder Familie – eingebunden. Ältere Menschen sind in der glücklichen Lage, sich und andere durch die Vielfalt ihrer Erfahrungen und ihres Wissens bereichern zu können. Eine der Herausforderungen, denen sie sich gegenübersehen, besteht darin, der übrigen Gesellschaft die Augen darüber zu öffnen, was Senioren eigentlich sind: zwar ältere Menschen, aber jeder und jede für sich ein Individuum.

Mit zunehmendem Alter unterscheidet sich jeder Mensch mehr und mehr von anderen, weil seine Persönlichkeit sich immer stärker ausprägt. Veränderungen im Erscheinungsbild spiegeln wichtige Wesensveränderungen wider – emotionale wie auch intellektuelle –, die jeder Mensch in seinem Leben durchmacht. Jeder trägt die Summe all seiner Erfahrungen in sich, ist geprägt durch frühe Kindheit, Familie, Schule und Freundschaften, durch Arbeit, Verantwortung, Erfolge und Irrtümer, durch Enttäuschungen, Schicksalsschläge, Freuden und Genugtuungen. Wenn Menschen heranreifen, neigen einige von ihnen mehr zu selbstsicherem Auftreten, andere eher zu Zurückhaltung. Einige haben alle Höhen und Tiefen des Lebens kennengelernt, während andere ein eher stabiles, ausgeglichenes Leben geführt haben. Weite oder Begrenztheit des jeweiligen Erfahrungshorizontes spielen bei der Entwicklung zum Individuum eine wichtige Rolle. Ein gereifter Mensch kann mit Fug und Recht von sich sagen: «Ich bin eine einmalige Persönlichkeit.»

Veränderungen, die in bezug auf Gedächtnis und Intellekt mit dem Altern einhergehen, sind genauso unterschiedlich wie körperliche und emotionale Veränderungen. Deshalb ist es schwierig, spezifische Aussagen über Gedächtnisveränderungen im Alter zu machen, die gleichermaßen für alle älteren Menschen gelten. Zweifellos verändert sich das Gedächtnis, aber das geschieht bei jedem Menschen in einer anderen Altersstufe, mit unterschiedlicher Geschwindigkeit und verschiedenem Intensitätsgrad. Informationen über die Gedächtnisfunktionen des «durchschnittlichen» älteren Menschen mögen ihren Wert haben, auf ein bestimmtes Individuum aber treffen sie nicht notwendigerweise zu.

Gedächtnis und Energiepotential

Mit zunehmendem Alter müssen wir alle berücksichtigen, wieviel Energie wir noch in unsere Aktivitäten – einschließlich des Erinnerns – investieren können.

Unser Energiepotential wirkt sich aus auf:

- unsere Verhaltensweisen und Stimmungen – unser Interesse, unseren Willen, etwas zu behalten, und auf das Vertrauen in unser Erinnerungsvermögen;
- unsere Aufmerksamkeit – den Grad unseres Bewußtseins und unser Konzentrationsvermögen;
- unsere Fähigkeit, neue Informationen einzuordnen und mit bereits vorhandenem Wissen zu verknüpfen, so daß sie gespeichert werden können;
- unsere Fähigkeit, Informationen ins Gedächtnis zurückzurufen, entweder dadurch, daß wir uns an sie erinnern oder daß wir sie wiedererkennen.

Wenn wir nicht mehr das unbegrenzte Energiepotential haben, über das wir früher glaubten verfügen zu können, dann treffen wir natürlich zunehmend eine gewisse *Auswahl.* Weil es uns schwerer wird, uns zu erinnern, neigen wir dazu, Dinge zu übergehen, die wir uns früher vielleicht versucht hätten, einzuprägen.

Solange keine Störungen eintreten, reicht unsere Energie zur Bewältigung unseres Lebens völlig aus. Wenn wir jedoch müde, krank oder irgendwie nicht im Gleichgewicht sind, kann es Zeiten geben, in denen unsere Kraft erschöpft ist. Solche Zeiten können natürlich in jedem Lebensabschnitt auftreten, mit zunehmendem Alter wird die Wahrscheinlichkeit dafür jedoch größer.

Konzentration und Zerstreutheit

Konzentration, die ja entscheidend für das Erinnern ist, benötigt in ganz besonderer Weise Energie. Um aufmerksam sein zu können, müssen wir unsere Energie auf einen Gegenstand konzentrieren. Wenn ältere Menschen bemerken, daß sie zunehmend zerstreuter werden, sind viele von ihnen in der Lage, ihre Energie zu steuern und sich bewußter und überlegter zu konzentrieren als in jüngeren Jahren.

Einige ältere Menschen klagen über ihre nachlassende Konzentrationsfähigkeit. Sie lassen sich leicht ablenken, sind unfähig, sich so gut oder so lange zu konzentrieren, wie sie es früher konnten. Tagträume, Sorgen, körperliche Gebrechen beanspruchen ihre Aufmerksamkeit. Auch Geräusche, Eindrücke und Störungen von außen können ihre Konzentrationsfähiglkeit beeinträchtigen.

Untersuchungen zeigen, daß die meisten Menschen mit zunehmendem Alter Schwierigkeiten haben, sich gleichzeitig verschiedenartige Informationen zu merken. Das wird z. B. deutlich, wenn ein älterer Mensch dem Kreuzfeuer zweier Unterhaltungen über unterschiedliche Themen ausgesetzt ist. Im Alter wird die Aufnahme von Informationen eher durch vorangegangene Lernprozesse beeinträchtigt; außerdem können ältere Menschen nicht so gut ihre Aufmerksamkeit teilen wie jüngere. Um eine Überlastung zu vermeiden, lernen deshalb viele ältere Menschen, sich jeweils nur auf eine Sache zu konzentrieren.

Wir werden langsamer

Bei jedem Menschen laufen die Veränderungen der Reaktionsgeschwindigkeit anders ab, und zwar sowohl physisch als auch psychisch. Es gibt keinen bestimmten Zeitpunkt, von dem an wir «von Natur aus» unser Lebenstempo ändern und langsamer werden, aber auf Dauer läßt es sich nicht vermeiden. Trotzdem tun wir weiterhin viele Dinge, die wir immer getan haben – wir sind aufnahmebereit, lösen Probleme und denken logisch, nur der jeweils benötigte Zeitaufwand ändert sich vielleicht.

Wir wären keine Menschen, wenn wir nicht Bedauern darüber empfänden, daß unser Gedächtnis immer langsamer funktioniert. Vergleichen wir uns mit jüngeren Menschen oder vielleicht sogar mit uns selber in jüngeren Jahren, dann überkommt uns leicht das Gefühl, etwas sehr Wertvolles verloren zu haben. Vergeßlichkeit kann frustrierend sein, aber sie ist nicht notwendigerweise ein Zeichen dafür, daß nun der völlige Zusammenbruch droht. Menschen, die akzeptieren, daß sowohl ihr Gedächtnis als auch ihre körperlichen Reaktionen langsamer werden, verschwenden keine unnötige Energie damit, sich über den natürlichen Ablauf der Dinge zu ärgern oder zu erregen.

Senilität und Funktionsstörungen des Gehirns

Viele Menschen, und zwar sowohl junge als auch alte, sind davon überzeugt, daß sie mit zunehmendem Alter unausweichlich senil werden, d. h. zunehmend verwirrt, desorientiert und vergeßlich. Diese Annahme entbehrt jedoch jeglicher Grundlage. Nur ein sehr geringer Prozentsatz älterer Menschen wird tatsächlich senil oder leidet an Gehirnschäden. Einige angenäherte Prozentzahlen sollen das zeigen:

- 95 % der über Fünfundsechzigjährigen sind *nicht* senil.
- 90 % der über Siebzigjährigen haben *keine* Hirnschädigung.
- Sogar bei den Achtzig- bis Neunzigjährigen sind 80 % geistig gesund. Erst nach dem 85. Lebensjahr scheinen Funktionsstörungen des Gehirns häufiger vorzukommen.

Es kann nicht nachdrücklich genug betont werden, daß Altern an sich keine Krankheit ist. Wenn Menschen plötzlich verwirrt werden oder erhebliche Gedächtnislücken haben, leiden sie wahrscheinlich an einer bestimmten Krankheit. Plötzliches Verwirrtsein und Gedächtnisausfälle sind Symptome dieses Leidens, genauso wie hohes Fieber bei einem Kleinkind auf eine Halsentzündung oder Ohrenschmerzen hindeutet. Sie sind *nicht* Teil des normalen Alterungsprozesses.

Was ist Senilität?

«Senilität» ist ein Schlagwort, das seit vielen Jahren verwendet wird. Es sagt sehr wenig aus und dient häufig ganz allgemein zur Kennzeichnung von ungewöhnlichen Verhaltensweisen älterer Menschen. Gelegentlich hat man Senilität mit Begriffen wie «chronischer Hirndefekt», «chronisches Hirnsyndrom», «organisches Hirnsyndrom» oder «seniler Schwachsinn» gleichgesetzt. Auch die Alzheimer Krankheit fiel unter diese Bezeichnung. Heute geht man davon aus, daß 50–60% der älteren Menschen mit Hirnschäden an der Alzheimer Krankheit leiden. Ungefähr 20–25% aller Hirnschädigungen sind durch Schlaganfälle bedingt, und der Rest beruht auf anderen Ursachen. Wenn ein Mensch Anzeichen von Vergeßlichkeit, Verwirrung und Desorientierung zeigt, dann sollte unbedingt geklärt werden, ob es sich dabei um Symptome einer bestimmten Krankheit handelt. Das ist viel sinnvoller und humaner, als diese Frau oder diesen Mann einfach als «senil» abzustempeln.

Andere Ursachen für Verwirrung, Desorientierung und Vergeßlichkeit

Außer bei der Alzheimer Krankheit können Verwirrung, Vergeßlichkeit und Desorientierung auch noch durch eine Reihe anderer Faktoren verursacht werden. In diesen Fällen ist aber eine Behandlung möglich! Dabei ist es wichtig, zunächst einmal die Ursachen für die auftretenden Symptome herauszufinden. Bei Menschen, die scheinbar an der Alzheimer Krankheit leiden, kann in Wirklichkeit eines der folgenden Probleme die Störungen auslösen:

1. *Die Einnahme von zu vielen Medikamenten oder Wechselwirkungen zwischen verschiedenen Präparaten* – zu viele verschreibungspflichtige oder frei verkäufliche Medikamente bzw. eine Kombination von beidem.
2. *Unausgewogenheit im Chemiehaushalt des Körpers* – Kaliummangel, Schilddrüsenstörungen, ein zu hoher oder zu niedriger Blutzuckerspiegel.
3. *Depressionen* – ein Gefühl der eigenen Wertlosigkeit, der Hilflosigkeit und Verzweiflung.

4. *Plötzliche Erkrankung* – bakterielle Infektionen, Grippe, Lungenentzündung.
5. *Fehlernährung und Austrocknung* – unangemessene Diät und Flüssigkeitsmangel im Körper.
6. *Soziale Isolation* – ungünstige Lebensumstände, Armut, Krankheit und emotionale Probleme.

Bei entsprechender Beobachtung und Behandlung können alle diese auslösenden Faktoren beseitigt werden. Wenn Vergeßlichkeit und Verwirrung jedoch nicht durch die oben angeführten oder ähnliche Umstände erklärt werden können, handelt es sich wahrscheinlich um die Alzheimer Krankheit.

Die Alzheimer Krankheit

Bei der Alzheimer Krankheit entarten Gehirnzellen allmählich, und geistige Fähigkeiten lassen zunehmend nach. Im Anfangsstadium kann sich ein Betroffener häufig nicht mehr an kurzfristig zurückliegende Ereignisse, Namen, Verabredungen usw. erinnern. Mit fortschreitender Krankheit wird er zunehmend verwirrter. Er hat immer größere Schwierigkeiten, sich in seiner unmittelbaren Umgebung zurechtzufinden, sich räumlich und zeitlich zu orientieren, sogar ganz alltägliche, routinemäßige Verrichtungen zu bewältigen.

Er vergißt wichtige Ereignisse total, nicht nur in Einzelheiten, kann neue Informationen nicht mehr aufnehmen, keine Probleme mehr lösen oder Entscheidungen treffen. Seine Persönlichkeit verändert sich u. U. völlig.

Die Alzheimer Krankheit wird in der Regel diagnostiziert, indem nacheinander andere mögliche Ursachen für die auftretenden Symptome ausgeschlossen werden. Es ist deshalb ganz wichtig, einen Menschen nicht ohne sorgfältige Diagnose als Alzheimer-Kranken abzustempeln, auch wenn er oder sie verwirrt, desorientiert oder vergeßlich erscheint. Beim augenblicklichen Stand der Forschung ist die Alzheimer Krankheit mit absoluter Sicherheit nur durch eine Untersuchung des Gehirns nach dem Tod des Patienten zu diagnostizieren.

Die Ursachen der Alzheimer Krankheit sind zwar noch immer unbekannt, und eine Heilung ist im Augenblick nicht möglich, aber Wissenschaftler arbeiten an diesem Problem und erforschen immer weiteres Neuland.

Normale und anormale Vergeßlichkeit

Folgende Fragen können Ihnen helfen herauszufinden, ob Ihre Vergeßlichkeit ganz normal ist, oder ob es sich um Anzeichen einer Entwicklung handelt, die aufmerksam beobachtet werden sollte. Beantworten Sie die folgenden Punkte mit «Ja» oder «Nein».

Meistens vergessen Sie,

1. wohin Sie Ihre Schlüssel gelegt haben,
2. wo Sie geboren wurden,
3. den Namen Ihres Nachbarn, den Sie auf der Straße treffen,
4. Ihre Miete zu zahlen,
5. wo Sie Ihren Wagen geparkt haben,
6. wohin Sie wichtige Unterlagen gelegt haben.

Normale Ursachen für Vergeßlichkeit, wie Geistesabwesenheit, Müdigkeit, Krankheit oder Trauer, führen dazu, daß Sie die Nummern 1, 3 und 5 mit «Ja» beantworten. Wenn Sie aber immer wieder Dinge, wie sie unter Punkt 2, 4 oder 6 angesprochen haben, vergessen, dann besteht bei Ihnen u. U. ein schwerwiegendes Problem, über das Sie mit Ihrem Arzt reden sollten.

Folgende wichtige Tatsachen über die Alzheimer Krankheit sollten Sie sich einprägen:

1. Eine eindeutige Diagnose der Alzheimer Krankheit ist – besonders im Frühstadium – sehr schwierig.
2. Weil die eindeutige Diagnose so schwierig ist, sollte sie mit größter Sorgfalt durchgeführt werden.
3. Auf keinen Fall sollte ein älterer Mensch, der verwirrt, desorientiert und vergeßlich erscheint, automatisch als Alzheimer-Kranker abgestempelt werden. Seine Beschwerden können durchaus behandlungsfähig und heilbar sein.

Wenn Vergeßlichkeit für Sie oder einen nahen Bekannten zum ständigen Problem wird, dann empfiehlt sich eine gründliche und umfassende körperliche Untersuchung. Vielleicht sollten Sie sich auch einmal mit Ihrer örtlichen Selbsthilfeorganisation für Alzheimer-Kranke in Verbindung setzen.

Depressionen und Gedächtnis

Die Bezeichnung «Depression» beinhaltet ganz unterschiedliche Deutungsmöglichkeiten. Für manche Menschen verbinden sich mit diesem Wort Empfindungen wie «im Keller sein» oder «sich niedergeschlagen fühlen». Andere umschreiben mit dem Begriff ein Gefühl tiefer Trauer, das die meisten Menschen irgendwann in ihrem Leben einmal empfunden haben. Aber weder das eine noch das andere entspricht dem, was Ärzte unter einer klinischen Depression verstehen.

Normale Trauer

Ältere Menschen sind Ereignissen gegenüber, die zu einer Depression führen können, besonders verletzlich. Wenn Sie einen sehr nahestehenden Menschen verloren haben, wenn sich körperliche Leiden einstellen, die Sie in Ihrer Aktivität einschränken, oder wenn Sie aus Ihrer gewohnten Umgebung herausgerissen werden, dann ist es ganz normal und naheliegend, daß Sie traurig sind. Es ist sogar gesund, um Verluste und Veränderungen Schmerz zu empfinden. Trauerarbeit ist schwer, aber notwendig. Sie ermöglicht es einem Menschen, sich den eingetretenen Veränderungen schließlich positiv anzupassen. Solche Gefühle von Trauer und Schmerz vergehen im allgemeinen mit der Zeit.

Symptome einer echten Depression

Eine klinische oder echte Depression ist nicht gleichzusetzen mit Trauer und Schmerz. Es handelt sich dabei vielmehr um ein Leiden, bei dem der oder die Betroffene der Überzeugung ist und das Empfinden hat, völlig ohne Kraft, Wert und Hoffnung zu sein. Derartige Gefühle können entstehen, wenn Verluste sich häufen und nicht mehr bewältigt werden. Sie gehen weit über normales Leid und normale Trauer hinaus.

Das Verhalten eines wirklich depressiven Menschen wechselt und bewegt sich oft zwischen verschiedenen Extremen. Der oder die Betroffene beginnt, entweder übermäßig zu essen oder ißt kaum noch etwas, schläft nur noch sehr wenig oder fast den ganzen Tag. Depressive Menschen sind ohne Energie. Sie wirken teilnahmslos, häufig sogar apathisch und ziehen sich völlig zurück. Ihr Denken, ihre Bewegungen und ihr gesamtes Verhalten verlangsamen sich. Es ist sehr schwierig für einen solchen Menschen, diesen Zustand psychologischer Lähmung zu überwinden.

Manche depressiven Menschen geben ihre Empfindungen nicht zu. Sie zeigen ihre Depression vielmehr dadurch, daß sie über körperliche Beschwerden wie Kopfschmerzen, Verstopfung und Magenschmerzen klagen.

Gedächtnis und Depression

Eine echte Depression beeinflußt in starkem Maße Denken und Urteilsfähigkeit. Außerdem haben depressive Menschen Gedächtnisprobleme. Nur mit Mühe erinnern sie sich an Dinge, die sich eben erst ereignet haben, und manchmal vergessen sie sogar länger zurückliegende Begebenheiten. An einem Tag kann ihr Gedächtnis gut funktionieren, am nächsten versagt es vielleicht völlig. Sie haben Schwierigkeiten, sich zu konzentrieren, und fühlen sich verwirrt und durcheinander. Beim Reden schweifen sie oft ab, und es fällt ihnen schwer, bei einem Thema zu bleiben. Diese Symptome werden fälschlicherweise oft der Alzheimer Krankheit zugeschrieben oder als ganz normale, altersbedingte Schwierigkeiten abgetan. Tatsächlich aber können solche Gedächtnisprobleme auf eine schwere Depression zurückgehen, die durchaus behandelt werden kann. Eine sorgfältige Diagnose durch einen Spezialisten ist deshalb unumgänglich.

Das Zusammenleben mit einem depressiven Menschen

Mit einem depressiven Menschen zusammenzuleben kann sehr schwierig und anstrengend sein. Von Zeit zu Zeit sollte derjenige, der sich um einen depressiven Menschen kümmert, deshalb die Möglichkeit erhalten, Abstand zu gewinnen. Dabei ist es jedoch ganz wichtig, daß er sich diese Erholungspause gönnt, ohne Schuldgefühle zu entwickeln.

Viele Menschen neigen dazu, sich von jemandem, der depressiv ist, zurückzuziehen. Dadurch kann der oder die Betroffene in eine noch größere Isolation geraten. Grundsätzlich zeigt jede Depression die Tendenz, sich selbst zu nähren, und ein Mensch, der daran leidet, kann tiefer und tiefer in Inaktivität und Hoffnungslosigkeit versinken, wenn ihm nicht geholfen wird.

Mit einer Depression umgehen

Die folgenden Ratschläge können Ihnen vielleicht helfen, wenn Sie selbst gelegentlich niedergeschlagen und traurig sind:

1. Besprechen Sie Ihre Probleme mit einem Freund.
2. Zeigen Sie Ihre Gefühle; lassen Sie andere wissen, daß Sie leiden und verletzlich sind. Wenn Sie Ihre Gefühle verbergen, kostet Sie das viel Energie und verstärkt noch Ihre Not.
3. Versuchen Sie, sich zu bestimmten Zeiten völlig Ihren Gefühlen hinzugeben. Lassen Sie Ihren ganzen Ärger, Ihre Frustration, Ihre Vorwürfe sich selbst und anderen gegenüber heraus. Es scheint seltsam, aber wenn Sie sich aussuchen können, wo und mit wem Sie das tun wollen, dann werden Sie merken, daß es Ihnen hilft. Übertreiben Sie aber nicht, sonst werden Ihre negativen Gefühle noch verstärkt.
4. Betätigen Sie sich körperlich, damit Sie in Schwung kommen, auch wenn Sie müde sind oder keine Lust haben. Tun Sie etwas, das Ihnen Spaß macht, z. B. spazierengehen, joggen, schwimmen, im Garten arbeiten, oder nehmen Sie vielleicht sogar den Frühjahrsputz in Angriff. Verschaffen Sie sich Bewegung. Körperliche Aktivität kann dazu beitragen, Ihre Stimmung zu heben.
5. Seien Sie nett zu sich selbst – kaufen Sie sich irgend etwas Hübsches, nehmen Sie sich einen Tag frei, besuchen Sie einen Freund. Behandeln Sie sich selbst, wie Sie einen lieben und wichtigen Freund behandeln würden.

6. Nehmen Sie irgend etwas in Angriff, das unbedingt getan werden muß und dessen Erledigung mit einem Gewinn für Sie verbunden ist. Manchmal gelingt es, depressive Stimmungen zu bekämpfen, indem man sich eine Arbeit vornimmt, die man lange vor sich hergeschoben hat, z. B. einen Brief zu schreiben oder Schubladen aufzuräumen.

Wenn Sie dann immer noch Schwierigkeiten haben, sollten Sie Hilfe von außen in Anspruch nehmen. Bitten Sie Ihren Arzt um Rat, oder rufen Sie Ihren örtlichen Beratungsdienst an.

Altern ist aber nicht immer notwendigerweise mit Veränderungen verbunden, die zu schwerwiegenden Gedächtnisausfällen führen. Wenn wir die Zusammenhänge zwischen Intelligenz und Lernen untersuchen, wird deutlich, daß ein erwachsener Mensch große Möglichkeiten besitzt, in der zweiten Lebenshälfte geistig aktiv und rege zu bleiben, Neues hinzuzulernen und sich persönlich weiterzuentwickeln.

Intelligenz und Altern

Lange Zeit glaubte man, daß die menschliche Intelligenz mit zunehmendem Alter abnimmt. Einige Wissenschaftler gingen sogar so weit zu behaupten, daß der Mensch bereits mit 26 Jahren den Höhepunkt seiner intellektuellen Leistungsfähigkeit erreicht hat und daß seine Intelligenz danach Jahr für Jahr geringer wird. Sie gelangten zu dieser Überzeugung aufgrund von Tests, bei denen sie die Intelligenzquotienten von 20–25jährigen Studenten mit denen von über sechzigjährigen Menschen verglichen. Die älteren Testteilnehmer schnitten dabei schlechter ab als die jüngeren. Dieses Ergebnis untermauerte den Glauben, daß die menschliche Intelligenz mit zunehmendem Alter abnimmt.

Eine Erklärung für das schlechte Testergebnis der älteren Menschen ergibt sich aber aus der Tatsache, daß sie in einer völlig anderen Zeit mit anderen Erfahrungen und einer anderen Erziehung aufgewachsen waren als die Studenten, mit denen sie verglichen wurden. Für diese älteren Menschen gab es nur begrenzte Möglichkeiten, sich zu entwickeln und bestimmte Bereiche ihrer intellektuellen Fähigkeiten zu fördern. Viele von ihnen mußten schon im Alter von 14 bis 16 Jahren Geld verdienen und körperlich schwer arbeiten. Für weitere Aktivitäten hatten sie gar keine Kraft mehr. Fernsehen gab es noch nicht, und auch andere Medien waren weit weniger verbreitet als heute. Einige Menschen hatten kaum Zugang zu Büchern und Zeitungen, zu Konzerten, Theateraufführungen und anderen kulturellen Aktivitäten.

Schließlich begannen sich die Wissenschaftler zu fragen, ob sie unter fairen Bedingungen gearbeitet hatten. Waren diese älteren Menschen im Alter von 25 Jahren wirklich intelligenter gewesen, als sie es zum Zeitpunkt des Tests waren? Würden die getesteten jüngeren Studenten wirklich später einen Teil ihrer intellektuellen Leistungsfähigkeit einbüßen? In einer neuen Studie beobachteten Psychologen eine Gruppe von Erwachsenen 40 Jahre lang. Von Anfang Zwanzig bis Anfang Sechzig wurden sie alle 10 Jahre getestet. Es zeigte sich, daß die allgemeine Intelligenz kaum abnahm. Die Leistung der Getesteten blieb von einem Jahrzehnt zum anderen jeweils fast gleich.

Bei Aufgaben, die Reaktionsschnelligkeit und Schnelligkeit beim Wiedererkennen von Dingen und Situationen testeten, lagen die Leistungen älterer Teilnehmer meist niedriger als die der jüngeren. Aber Tests mit der Stoppuhr oder zeitlich begrenzte Tests können – besonders bei älteren Menschen – erhebliche Ängste auslösen und so den Lern- und Erinnerungsprozeß beeinträchtigen. Wenn es jedoch um Aufgaben ging, die Kenntnisse, Erfahrungen, problemlösendes und logisches Denken oder sprachliche Fähigkeiten überprüften, waren die Ergebnisse der älteren Teilnehmer genausogut wie die der jungen Leute, teilweise sogar besser.

Die Ergebnisse der Tests lassen den Schluß zu, daß der Kenntnisstand mit zunehmendem Alter wächst. Die Fähigkeit, Probleme zu lösen und logisch zu denken, vermindert sich nicht – sie nimmt sogar eher zu. Ältere Menschen brauchen jedoch mehr Zeit, um ohne Streß neue Informationen aufnehmen und unbekannte Situationen meistern zu können.

Die Behauptung, ältere Menschen seien weniger intelligent als jüngere, ist also schlichtweg falsch!

Lernfähigkeit im Alter

In jedem Alter gehört das Lernen neuer Informationen und Verhaltensweisen zur persönlichen Fortentwicklung. Lernen verbessert die Qualität des Lebens, macht es interessanter und befriedigender. Die Art und Weise, wie Menschen Informationen aufnehmen, behalten und sich ins Gedächtnis zurückrufen, beeinflußt auch ihre Lernmethoden.

Die Lernfähigkeit des Menschen verringert sich nicht mit zunehmendem Alter; sie wird aber durch Stimmungen, Selbstvertrauen und Neigungen stark beeinflußt. Ältere Menschen verschwenden ihre Zeit und Energie nicht mit Aktivitäten, die sie nicht interessieren. Sie achten mehr auf das, was für sie persönlich von Bedeutung ist, und werden wählerischer. Es wird zunehmend wichtiger für sie, Kraft zu sparen und sich nur noch mit Dingen zu beschäftigen, die interessant sind, Spaß machen oder ihnen nützen.

Forschungsarbeiten haben gezeigt, daß manche Menschen sich

selbst für vergeßlicher halten, als sie tatsächlich sind. Das führt dazu, daß sie sich oft unsicher fühlen, sobald etwas Neues auf sie zukommt. Wenn ein Mensch überzeugt ist, nichts mehr lernen zu können, weil er zu alt ist, dann wird diese Erwartung u. U. Realität: Der Betreffende ist tatsächlich nicht mehr in der Lage, etwas Neues zu lernen. Sofern sie die Möglichkeit erhalten, neue Gedanken und Erfahrungen in einer ihnen angemessenen Zeitspanne zu bewältigen, zeigen ältere Menschen aber durchaus eine gute Auffassungsgabe. Sie setzen ihre Intelligenz und Lebenserfahrung sehr effektiv im Lernprozeß ein.

Der große Unterschied zwischen der Lernweise älterer und jüngerer Menschen liegt darin, daß im Alter mehr Zeit notwendig ist, um Informationen aufzunehmen, zu speichern, im Gedächtnis zu suchen und zurückzurufen.

Voraussetzungen für erfolgreiches Lernen

Durch folgende Voraussetzungen können Sie Ihren Lernerfolg steigern:

1. Sorgen Sie für eine angenehme und entspannte Atmosphäre.
2. Nehmen Sie sich viel Zeit, vermeiden Sie störende Unterbrechungen.
3. Nehmen Sie jede Gelegenheit wahr, Fragen zu stellen, entweder anderen Menschen oder sich selbst.
4. Nehmen Sie sich nur so viel vor, wie Sie bequem schaffen können.
5. Lassen Sie kurzen Konzentrationsphasen jeweils auch kurze Ruhepausen folgen.
6. Üben und wiederholen Sie den Lernstoff.
7. Machen Sie das Lernen zum Spaß, genießen Sie es!

Diese Voraussetzungen gelten nicht nur für erfolgreiches Lernen in der zweiten Lebenshälfte. Sie verbessern vielmehr in jedem Alter den Lernerfolg. Kinder und Jugendliche haben oft keinen Einfluß auf die Umgebung, in der sie lernen. Zum Glück können ältere Menschen in dieser Beziehung ihre Wahl normalerweise selber treffen.

Im fortgeschrittenen Alter noch Neues zu lernen, Kenntnisse zu erweitern und vorhandene Fertigkeiten weiterzuentwickeln verschafft eine besondere Befriedigung. Viele ältere Menschen empfinden das Lernen als eine große Bereicherung ihres Lebens, sei es, daß sie für sich alleine lernen oder zusammen mit anderen. Die geistige Lebendigkeit, das Vergnügen, Neues zu lernen und zu entdecken, kann eine ganz wesentliche Freude im Alter sein.

Teil B

Der Umgang mit Gedächtnisveränderungen

Kapitel VII

Praktische Gedächtnishilfen für den Alltag

Die normale altersbedingte Abnahme der Reaktionsschnelligkeit beeinträchtigt in der Regel auch die Gedächtnisleistung. Es fällt älteren Menschen zunehmend schwerer, sich an Einzelheiten zu erinnern. Viele passen sich dieser Entwicklung an, indem sie geringere Anforderungen an ihr Gedächtnis stellen. Dabei spielt die individuelle Lebensweise eine wichtige Rolle. Der eine führt vielleicht ein beschauliches, geregeltes Leben, die anderen ein aktives und kompliziertes. Einem sehr beschäftigten Menschen fällt es u. U. schwerer, etwas zu behalten, weil er zu viele Dinge gleichzeitig im Kopf hat. Menschen, die häufig unterwegs sind, verlassen sich oft auf Notizbücher, Kalender, Listen, Zeitschaltuhren und andere Gedächtnishilfen, die es ihnen abnehmen, ständig an Einzelheiten denken zu müssen.

Dieses Kapitel stützt sich auf Informationen aus Büchern, auf persönliche Erfahrungen, vor allem aber auf Gespräche mit zahlreichen älteren Menschen. Die Vorschläge sollen Ihnen helfen, an die vielen Kleinigkeiten des praktischen täglichen Lebens zu denken. Sie sind alle effektiv und leicht anzuwenden, alle beruhen auf dem Prinzip von Informationen aufnehmen, behalten und zurückrufen, und wie bei allen Erinnerungsprozessen spielen Einstellung und Aufmerksamkeit eine wesentliche Rolle. Ihre persönliche Einstellung und Ihre Aufmerksamkeit sind entscheidend dafür, wie gut Sie etwas behalten.

Sehen Sie die Dinge positiv

Im Rahmen unserer Gespräche stellte ein älterer Herr fest, es koste einiges an Energie und sei recht anstrengend, sich gewisse Dinge ins Gedächtnis zurückzurufen. Eine Dame fügte ergänzend hinzu, daß eine positive Einstellung es sehr erleichtere, diese Kraft aufzubringen. Gemeint war die Motivation, die ausschlaggebend für den gesamten Erinnerungsprozeß ist. Sie können sich Dinge wesentlich besser merken, von denen Sie meinen, daß sie es wert sind, behalten zu werden.

Viele Menschen sagen: «Ich muß eben Lehrgeld zahlen», wenn es darum geht, verlegte Schlüssel, Brillen oder Zahnprothesen wiederzufinden. Aber Lehrgeld zahlen zu müssen tut weh. Jeder von uns hat bestimmte Dinge, die er besonders ungern vergißt. Wenn es trotzdem passiert, geraten Sie bitte nicht in Panik. Es ist wichtig, gelassen zu bleiben, sich zu entspannen und alles mehr aus philosophischer Perspektive zu sehen. Wenn Sie sich selbst nicht unter Druck setzen, fällt Ihnen das Gesuchte wahrscheinlich ganz von selbst ein.

Passen Sie auf

Wahrscheinlich werden Sie jetzt sagen: «Ja, wenn ich nur aufpassen könnte oder würde, dann existierte der größte Teil meiner Gedächtnisprobleme gar nicht.» Und Sie haben vielleicht sogar recht. Aufpassen erfordert Konzentration. Das ist manchmal nicht leicht. Die folgenden Ratschläge können Ihnen helfen, Ihr Gedächtnis bei allen Anforderungen des täglichen Lebens effizienter zu nutzen. Sie bewirken nicht, daß Sie eine «Gedächtniskanone» werden, aber sie werden Ihnen dort eine Hilfe sein, wo es darauf ankommt – in Situationen, die Ihnen täglich erneut zu schaffen machen. Einige dieser Tips haben sich seit langem bewährt und sind richtige «alte Kamellen». Andere aber sind vielleicht gerade der rettende Strohhalm, nach dem Sie Ausschau gehalten haben.

Ratschlag 1: Organisieren Sie Ihren Alltag

Machen Sie sich Listen

Wo wären wir, wenn wir keine Listen machen könnten? Sie erleichtern uns das Leben in vielen schwierigen Situationen, von «Was brauche ich vom Markt?» über «Was befindet sich z. Zt. in meinem Banksafe?» bis zur Aufstellung von Reparaturarbeiten rund ums Haus. Listen und Gedächtnishilfen, die wir überall mit hinnehmen können. Um sie bestmöglich nutzen zu können, sollten Sie folgendes beachten:

1. Listen sollten immer an ein und derselben Stelle aufbewahrt werden, um sie leicht finden zu können.
2. Listen sollten auf große Papierbögen geschrieben werden, damit sie gut zu sehen und zu lesen sind.
3. Bei umfangreichen Listen sollten die Einzelposten zu Gruppen geordnet werden.

Einkaufslisten: Um Ihre Einkaufsliste möglichst übersichtlich zu gestalten, sollten Sie die Einzelposten bestimmten Gruppen oder Oberbegriffen zuordnen, z. B. Fleisch, Gemüse, Obst, Milchprodukte, Konserven usw. Das Zusammenfassen von Einzelposten unter Oberbegriffen hilft Ihnen, alle Notwendige auch wirklich zu besorgen. Außerdem ist es einfacher, einzelne Posten aus ihrer jeweiligen Gruppe herauszusuchen, als erst eine lange, ungeordnete Liste durchzusehen.

Listen für Ihr Reisegepäck: Auch der Inhalt eines Koffers oder einer Reisetasche kann unter bestimmten Oberbegriffen aufgelistet werden. So können Sie z. B. beim Anlegen einer Bekleidungsliste mit Strümpfen und Schuhen beginnen und dann im Geist den Körper heraufwandern. Oder Sie können mit der Unterwäsche beginnen und anschließend die Oberbekleidung zusammenstellen. Oder ordnen Sie die Kleidung nach Gruppe wie «Wäsche für die Nacht», «Nur gelegentlich benötigte Sachen», «Elegante Kleidung». Finden Sie die für Sie beste Gruppierung heraus. Auch Medikamente, Toilettenartikel und speziell für Sie wichtige Dinge sollten aufgelistet werden.

1. Kontrollieren Sie alle Einzelposten nach dem Packen.
2. Behalten Sie Ihre Pack-Liste zur Hand, damit Sie weitere Posten hinzufügen können, wenn Ihnen noch etwas einfällt.
3. Nehmen Sie die Liste mit auf die Reise. Sie ist eine Hilfe beim Wiedereinpacken.

Umzugslisten: Bei einem Umzug können Sie viel Streß vermeiden, wenn Sie den Inhalt jedes Containers auflisten. Legen Sie die entsprechende Aufstellung obenauf in jede Kiste, bevor sie geschlossen wird. Eine andere Möglichkeit besteht darin, Container und Listen zu numerieren. Bewahren Sie die gesammelten Listen an einem sicheren Ort auf.

Fragen an Ihren Arzt: Wenn Ihnen Fragen für Ihren Arzt einfallen, sollten Sie sie gleich notieren. Warten Sie damit nicht bis kurz vor dem Weggehen. Ordnen Sie sie nach ihrer Wichtigkeit, für den Fall, daß Sie nicht alle durchsprechen können. Ich kenne eine Dame, die bei jedem Arztbesuch ein kleines Notizbuch bei sich hat, in dem alle Fragen stehen, die sie an ihren Arzt richten möchte. Sie vermerkt darin seine Antworten und erhält eine kontinuierliche Aufzeichnung ihrer gesundheitlichen Entwicklung.

Eine Zusammenstellung von Vorschlägen, die Sie beim nächsten Clubtreffen erörtern möchten, z. B. eine Erhöhung der Mittel, das Organisieren einer «Seniorenhilfe» oder die Wahl eines Sprechers.

Eine Zusammenstellung wichtiger Nummern: Eine Liste mit folgenden Nummern sollten Sie immer in Ihrem Portemonnaie oder Ihrer Brieftasche haben:

- Wichtige Telefonnummern, z. B. Ihre eigene, die Ihres Arztes, eines guten Freundes oder naher Verwandter
- Ihre Autonummer sowie die Ihrer Autoversicherung
- Die Nummer Ihres Personalausweises
- Die Nummer Ihrer Krankenversicherung

Wichtige Geburtstage: Eine Aufstellung mit den vollen Namen und Geburtsdaten aller für Sie wichtigen Personen ist sehr hilfreich. Ein jeweiliger kurzer Vermerk in Ihrem Monatskalender hält Sie dann auf dem laufenden.

Terminkalender und Notizbücher

Viele Menschen verlassen sich auf Terminkalender und Notizbücher. Es sind so viele verschiedene Arten davon auf dem Markt, daß Sie ein wenig experimentieren sollten, um einen zu finden, der für Sie geeignet ist. Ob ein Notizbuch oder Kalender mit Tages-, Wochen- oder Monatseinteilung am effizientesten ist, hängt von Ihren Bedürfnissen ab. Manche Menschen sind mit einem ganz einfachen System glücklich und zufrieden, andere brauchen vielleicht etwas Ausführlicheres.

Notizbuch: Das speziell für Termine reservierte Notizbuch sollten Sie immer bei sich haben, wenn Sie unterwegs sind. Notieren Sie sofort jede Verabredung und jeden Termin. Wählen Sie eine übliche Größe, die nicht zu schwer, zu unhandlich oder zu klein ist. Dieses Notizbuch enthält nur die unbedingt notwendigen Vermerke, die Sie dann regelmäßig in Ihren Wochenkalender übertragen.

Wochenkalender: Sie können sich einen Wochenkalender selber anfertigen. Ein Beispiel zeigt die Abbildung auf Seite 99. Am besten nehmen Sie ein ausreichend großes Blatt Papier, z. B. im Format DIN A4. Wenn Sie die Einteilung vorgenommen haben, was mit wenigen Strichen geschehen ist, übertragen Sie jede Verabredung aus dem Notizbuch mit genauer Zeitangabe in den entsprechenden Wochentag auf Ihrem Kalender. Erledigen Sie diese Arbeit jede Woche zu einer bestimmten Zeit, z. B. sonntags nachmittags oder abends.

In jeder Spalte ist genug Platz, um alles einzutragen, was an diesem Wochentag zu erledigen ist – Anrufe, Verabredungen, Tiefkühlkost auftauen, Rechnungen bezahlen, die Katze striegeln, Ihrem Sohn schreiben, Plätzchen für den Basar backen, den Bart stutzen usw. In einer Tagesspalte sollte alles stehen, an das Sie denken wollen, ganz gleich, ob es wichtig oder unwichtig ist. So können Sie morgens mit einem Blick auf diese Liste feststellen, was Sie alles erledigen wollen. Wenn Sie dann tagsüber noch einmal nachsehen, können Sie das, was Sie bereits erledigt haben, schon durchstreichen (Was für eine Genugtuung!) und evtl. neu hinzukommende Posten einfügen.

Sollten Sie am Ende des Tages nicht alles geschafft haben, können Sie unerledigte Punkte durch Einkreisen hervorheben oder auf den nächsten Tag übertragen. Dann fällt Ihnen dieser Vermerk mit Sicherheit wieder ins Auge, wenn Sie das nächstemal nachsehen.

Montag 24.6.	Dienstag 25.6.	Mittwoch 26.6.	Donnerstag 27.6.	Freitag 28.6.	Samstag 29.6.	Sonntag 30.6.
1) Erika anrufen	1) 15^{00} Literaturkreis bei Hannah	1) Bei Helga arbeiten $9-12^{30}$	1) Vitaminspritze 12^{30}	1) Apotheke	1) Küchenschränke auswischen	1) Ausgaben für Juni zusammenrechnen
2) Wohnzimmerfenster putzen	2) Entwurf für die Klubzeitung fertigstellen	2) Plätzchen backen	2) Keller putzen	2) Gartenstühle abwaschen	2) Abendessen bei Schneiders 18^{00}	2) Berlin anrufen
3) Bei Helga arbeiten	3) Unkraut jäten	3) Medikamente besorgen	3) Tippen	3) Erna anrufen	3) Knopf an weiße Jacke nähen	3) Lore anrufen
4) Ute schreiben	4) Buchhandlung anrufen	4) Dünger kaufen	4) Wagen waschen und wachsen?	4) Zeitungen zusammenschnüren	4) Ilse schreiben	4) Brief an Steuerberater
5) Margret anrufen	5) Computer erkundigen (Freund von M. E.)	5) Renate schreiben		5) Sachen für Kleidersammlung heraussuchen		
		6) Gartenarbeit				

Damit dieses System funktioniert, müssen Sie:

- regelmäßig alle Termine und Verabredungen aus Ihrem Notizbuch in den Wochenkalender übertragen;
- einen festen Platz für diesen Kalender einrichten und ihn zusammen mit einem Bleistift oder Kugelschreiber auch immer dort lassen, so daß Sie ohne große Umstände neue Vermerke eintragen oder erledigte streichen können.

Schreibtisch, Telefontisch oder eine Pinnwand eignen sich hierfür besonders. Eine Pinnwand ist ideal, weil Sie dort den Kalender zusammen mit Einkaufslisten, Notizen über Ereignisse der nächsten Zeit und Vermerke über andere Einzelheiten, die Sie nicht vergessen dürfen, befestigen können. Entscheidend ist, daß der Kalender immer zur Hand ist und benutzt werden kann.

Vorteile dieses Systems sind:

1. Es befreit Ihr Gedächtnis von der Last, viele verschiedene und zusammenhanglose Einzelheiten behalten zu müssen.
2. Es hilft Ihnen, den Tagesablauf zu organisieren und Ihre Zeit richtig einzuteilen.
3. Es hilft Ihnen, sich Informationen dadurch besser einzuprägen, daß Sie sie aufschreiben.
4. Es hilft Ihnen, auf Dinge zu achten, die Sie auf keinen Fall vergessen möchten.

Ratschlag 2: Prägen Sie sich wichtige Abläufe bewußt ein – «Cockpit Drills»

Diese Methode ermöglicht es Ihnen, sich durch den gleichzeitigen Einsatz mehrerer Sinne besser zu konzentrieren. Das Wort «Drill» bezeichnet das Einschleifen festgelegter Handlungs- oder Denkabläufe, die Sie in bestimmten Situationen beinahe automatisch ablaufen lassen – ähnlich einem Piloten im Cockpit seines Flugzeuges, wenn er sämtliche Funktionen seiner Maschine vor dem Start noch einmal in einer exakt festgelegten Reihenfolge überprüft. Und genau darum geht es.

Überprüfen Sie Ihre elektrischen Geräte, bevor Sie das Haus verlassen

Überprüfen Sie alle elektrischen Geräte, die ausgeschaltet sein sollten. Dazu gewöhnen Sie sich eine festgelegte Reihenfolge an und halten Sie sie grundsätzlich ein. Beginnen Sie in der Küche. Während Sie auf das entsprechende Gerät blicken und es überprüfen, sagen Sie laut: «Der Herd ist ausgeschaltet», «Die Bügeleisenschnur ist herausgezogen», «Der Heizlüfter ist abgestellt», «Das Heizkissen ist ausgeschaltet». Es ist sehr wichtig, diese Sätze laut zu sprechen, um Sehen, Hören und Sprechen in den Vorgang einzubeziehen.

Diese Art der Überprüfung – sprechen und den Gesichts- und Gehörsinn nutzen – führt zu erhöhter Aufmerksamkeit. Belohnt wird diese kleine Mühe, wenn Ihnen in der Stadt plötzlich einfällt: «Um Himmels willen, habe ich eigentlich den Herd ausgeschaltet?» Dann können Sie diese Frage völlig sicher mit «Ja» beantworten.

Überprüfen Sie den Inhalt Ihrer Handtasche oder Ihrer Manteltaschen

Bevor Sie das Haus verlassen, überprüfen Sie Ihre Taschen mit Augen und Händen und sagen Sie dazu laut: «Ich habe Geld, die Buskarte, Tabletten, Schlüssel, die Brille, mein Notizbuch» usw. Legen Sie irgendwelche anderen Sachen, die Sie mitnehmen wollen, neben Ihre Handtasche oder Ihren Mantel und haken Sie sie genauso ab, indem Sie Augen, Hände, Ohren und Ihre Stimme zu Hilfe nehmen.

Überprüfen Sie Ihren Wagen, bevor Sie ihn abschließen und stehenlassen

Hier geht es um zwei Situationen, die jeder Autofahrer fürchtet:
1. Die Schlüssel im Wagen einzuschließen.
2. Die Scheinwerfer brennen zu lassen.

Verschlossene Wagentüren: Jedesmal, wenn Sie Ihr Auto irgendwo parken, sollten Sie laut sagen: «Ich ziehe jetzt den Zündschlüssel ab und stecke ihn in die Handtasche (oder wo immer Sie sonst Ihre Schlüssel verwahren).» Sorgen Sie jedesmal, wenn Sie die Tür abschließen, dafür, daß die Schlüssel auch an ihren gewohnten Platz kommen. Wenn Sie die Schlüssel normalerweise in Ihrer Handtasche oder Brieftasche aufbewahren, sollten Sie sie nicht aus Bequemlichkeit in die Manteltasche stecken oder in der Hand behalten. Das reicht nicht. Bewahren Sie sie dort auf, wohin sie gehören!

Zu Ihrer eigenen Beruhigung sollten Sie immer einen Ersatzschlüssel in der Tasche haben für den Fall, daß Sie die gewohnte Routine einmal vergessen. Oder Sie können ein kleines magnetisches Kästchen, das Platz für einen Reserveschlüssel bietet, unter der Kühlerhaube anbringen. Solche Kästchen werden manchmal in Spezialgeschäften für Schlüssel und Eisenwaren angeboten.

Falls Ihr Wagen eine akustische Warnanlage besitzt, die Sie durch ein Piepen oder Summen darauf aufmerksam macht, daß der Zündschlüssel noch steckt, bedeutet das eine große Hilfe für Sie! Aber nicht alle Wagen sind mit einem solchen Warnsystem ausgerüstet.

Eingeschaltete Scheinwerfer: Jedesmal, wenn Sie Ihren Wagen parken, sollten Sie das Armaturenbrett überprüfen und laut sagen: «Licht aus.» Schalten Sie den Lichtschalter aus, während Sie diese Worte sprechen.

Wann auch immer Sie aus Ihrem Wagen steigen, ganz gleich, ob die Sonne hell scheint, Regen oder Schnee vom Himmel fällt, es neblig oder dunkel ist, sollten Sie aus Gewohnheit immer mit einem Blick die Scheinwerfer kontrollieren. Ihre Batterie wird es Ihnen danken.

Ratschlag 3: Halten Sie Ordnung

Alles sollte seinen festen Platz haben

Die alte Mahnung «Alles an seinen Platz» ist grundsätzlich sinnvoll. Aber für manche Menschen ist Ordnung nicht gleichbedeutend mit ordentlich aufgeräumt sein. Sie können ihre Sachen auch in einem sehr unordentlichen Zimmer finden. Fest steht jedoch, daß Ordnung – was auch immer Sie von ihr halten – das Leben einfacher macht. Senioren, die hierzu interviewt wurden, gaben ein paar ganz spezielle Ratschläge zu diesem Thema.

Folgende Dinge sollten ihren festen Platz haben:

1. Brillen, die Sie gerade nicht benutzen
2. Schlüssel
3. Zahnprothesen
4. Medikamente
5. Briefe, die Sie beantworten wollen
6. Geschäftsunterlagen, die Sie nicht vergessen dürfen
7. Eingegangene Schecks

8. Rechnungen
9. Der Schlüssel zum Banksafe
10. Wichtige Papiere – Testament, Versicherungspolicen, Steuerunterlagen usw.

Rechnungen bezahlen: Falls Sie Ihre Rechnungen monatlich bezahlen, sollten Sie sie in der Zwischenzeit an einem bestimmten Platz sammeln. Manche finden, daß ein Aktenordner sich dazu besonders eignet. Aber auch eine Leinentasche für Schuhe, die man an der Rückseite einer Tür aufhängen kann, ist praktisch. In jedem Fach kann man dann bestimmte Unterlagen unterbringen: in dem einen Rechnungen, in einem anderen Briefe usw. Gewöhnen Sie sich an, Rechnungen sofort nach Erhalt in das für sie bestimmte Fach zu stecken. Setzen Sie einen Tag am Ende des Monats fest, an dem Sie alle Ihre Rechnungen bezahlen. Oder benutzen Sie eine Pinnwand. Schreiben Sie Namen und Betrag eingehender Rechnungen auf ein Platt Papier, und streichen Sie diesen Vermerk durch, sobald Sie die Rechnung bezahlt haben. Notieren Sie das Datum Ihrer Zahlung. Anschließend heften Sie das Papier und die bezahlten Rechnungen zusammen ab.

So behalten Sie die Übersicht über bezahlte Rechnungen: Tragen Sie jeden Scheck, den Sie ausstellen, in das Inhaltsverzeichnis Ihres Scheckheftes ein. Verwahren Sie bezahlte Rechnungen sorgfältig an einer bestimmten, leicht zugänglichen Stelle. Sammeln Sie sie in deutlich beschrifteten Umschlägen oder Schnellheftern, und zwar jede Art für sich: Stromrechnungen, Telefonrechnungen, Abrechnungen über Ihre Kreditkarte und Rechnungen Ihres Lebensmittelhändlers.

Eine andere Möglichkeit, die Übersicht über bezahlte Rechnungen zu behalten, ist, jede Rechnung in ein alphabetisch aufgeteiltes Heft einzutragen. Unter «S» könnten Sie z. B. Stromrechnungen erfassen, und zwar mit Betrag, Rechnungsnummer und -datum, Zahlungsart und Zahlungsdatum. So können Sie mit einem Blick Ihre Zahlungen überprüfen und feststellen, wie sich Ihre Stromkosten in einem bestimmten Zeitraum entwickelt haben.

Gewohnheiten

Ordnung halten bedeutet aber noch mehr, als nur allen wichtigen Sachen einen festen Platz zuzuweisen. Es bedeutet auch, sich bestimmte Verhaltensweisen anzugewöhnen und sich an diese Gewohnheiten zu halten. Manche Menschen leben durch solche Gewohnheiten. Andere fühlen sich durch sie beengt und «wurschteln sich so durch». Manche Gewohnheit, z. B. die regelmäßige Einnahme notwendiger Medikamente, kann jedoch lebenswichtig sein:

Medikamente: Medikamente genau nach Anordnung Ihres Arztes einzunehmen kann außerordentlich wichtig für Sie sein. Sie sollten deshalb unbedingt ein möglichst narrensicheres System entwickeln. Ein solches System kann sehr einfach, aber auch sorgfältig ausgeklügelt sein, das hängt ganz davon ab, wie viele Medikamente Sie wie oft und wann einnehmen sollen. Es empfiehlt sich, verschiedene Möglichkeiten auszuprobieren, um zu sehen, welche für Sie die beste ist. Manche Menschen bedienen sich ganz einfacher Hilfsmittel. Sie nehmen z. B. einen Eierkarton und schneiden so viele Segmente von ihm ab, wie sie zur Aufbewahrung ihrer Tagesration benötigen. In Apotheken können Sie Pillendöschen und mit Fächern versehene Behälter für Tabletten kaufen. Aber zu Hause reicht irgendein kleines Behältnis für diesen Zweck völlig aus. Folgendes sollten Sie jedoch unbedingt beachten:

1. Beschriften Sie den Behälter, der für Ihre Tagesdosis bestimmt ist, mit den Namen der Medikamente, die er enthält.
2. Stellen Sie den Behälter an eine Stelle, an der Sie ihn zur angeordneten Einnahmezeit sehen können.
3. Geben Sie täglich die erforderliche Tablettenzahl in den Behälter.
4. Stellen Sie jeden Abend fest, ob Sie die Tabletten auch genommen haben.
5. Falls Sie einmal vergessen haben sollten, ein Medikament zur angeordneten Zeit zu nehmen, fragen Sie am besten Ihren Apotheker oder Arzt um Rat.
6. Bewahren Sie Ihren Medikamentenvorrat immer in den Originalverpackungen auf. Entnehmen Sie jeweils nur so viel, wie Sie an einem Tag benötigen.

Hausarbeiten: Erinnern Sie sich an die alten Gewohnheiten: Montag – Waschtag, Dienstag – Bügeltag, Mittwoch – … usw. Wenn Sie sich angewöhnen, Hausarbeiten – vor allem wöchentlich oder monatlich wiederkehrende – immer zu einer bestimmten Zeit zu erledigen, dann vergessen Sie sie nicht so leicht. Auch hierbei kann der Kalender gute Dienste leisten.

Die Zeitschaltuhr: Eine Zeitschaltuhr, z. B. am Herd, ist nicht nur in der Küche nützlich, sondern sie kann Sie genausogut an andere Dinge erinnern. Benutzen Sie sie deshalb so oft wie möglich. Hier einige Vorschläge:
1. Zur Erinnerung daran, daß Sie ein bestimmtes Radio- oder Fernsehprogramm einstellen wollten.
2. Zur Erinnerung daran, daß Sie zu einer bestimmten Zeit jemanden anrufen wollten.
3. Zur Erinnerung daran, daß Sie zu einer bestimmten Zeit das Haus verlassen müssen, um in Ruhe den Bus zu erreichen.

Zeitschaltuhren können Sie in Geschäften für Haushaltswaren oder in Küchenabteilungen von Kaufhäusern bekommen.

Es gibt zahlreiche, oft ganz simple Ratschläge, mit deren Hilfe man sich das Aufnehmen, Speichern und Zurückrufen von Informationen bei alltäglichen Routinearbeiten erleichtern kann. Wenn Sie Schwierigkeiten haben, an etwas Bestimmtes zu denken, dann brauchen Sie oft nur ein bißchen mehr Aufmerksamkeit und Energie auf das jeweilige Problem zu verwenden, um einen effektiven Lösungsweg zu finden.

Kapitel VIII

Weitere Gedächtnishilfen – Mnemotechniken

Allgemeines zu Mnemotechniken

Das Wort «Mnemonik» leitet sich ab von Mnemosyne, der griechischen Göttin des Gedächtnisses, und bedeutet «die Kunst, das Gedächtnis zu verbessern oder zu entwickeln». Der Begriff «Mnemotechnik» läßt manche Menschen auch an unübliche Methoden denken, sich große Informationsmengen einzuprägen. Sie haben vielleicht schon einmal die unglaublichen Leistungen eines Gedächtniskünstlers miterlebt, der die Zuschauer durch seine spektakuläre Fähigkeit begeisterte, sich an Informationen jeglicher Art zu erinnern. Für die meisten von uns bedeutet Mnemotechnik aber einfach eine Gedächtnishilfe, die wir uns im täglichen Leben zunutze machen.

Genauso wie Menschen Terminkalender, Listen und andere äußerliche Erinnerungshilfen nutzen, können sie auch ihr Gedächtnis daraufhin trainieren, daß es sich innerer Hilfen bedient. Solche inneren Hilfen sind allgemein als Mnemotechniken bekannt.

Ursprünglich wurden Mnemotechniken angewendet, als es noch keine Druckmaschinen gab und die meisten Menschen keine Schreibutensilien besaßen. Nicht nur die großen griechischen und römischen Redner verließen sich auf innere Gedächtnishilfen, auch andere Menschen taten das. Weil die meisten Menschen keine Möglichkeit hatten, Listen zu schreiben oder Termin- und sonstige Kalender zu führen, waren mnemotechnische Fertigkeiten sehr wichtig für sie.

Bei manchen Gelegenheiten benutzen wir auch heute noch Mnemotechniken, und für einige Arten des Erinnerns erweisen sie sich als durchaus nützlich. Es lohnt deshalb vielleicht, ein oder zwei Techniken zu beherrschen. Sie können Ihnen zusätzliche Möglichkeiten erschließen, Ihr Gedächtnis zu unterstützen.

Beispiel für häufig angewendete Mnemotechniken sind:

1. *Reime*: «Drei, drei, drei, bei Issus Keilerei», oder «Le bœuf – der Ochs, la vache – die Kuh, ferme la porte – die Tür mach zu!»
2. *Einprägsame Zahlenmuster*: Manche Menschen versuchen, bestimmte Gesetzmäßigkeiten in Autonummern, Telefonnummern oder Geburtsdaten zu erkennen, um sie sich besser einprägen zu können.
3. *Kurzbegriffe*: UNO ist ein bekanntes Kürzel für jeden, der sich mit weltweiter Politik beschäftigt. Dieses Kurzwort setzt sich aus den Anfangsbuchstaben von «United Nations Organisation» zusammen. Andere Kurzbezeichnungen sind z. B. EU, NASA oder GUS.
4. *Redensarten*: «April, April, er macht, was er will» weist uns auf das wechselhafte Wetter in dieser Jahreszeit hin. «Wer nämlich mit h schreibt, ist dämlich» oder «Gar nicht wird gar nicht zusammengeschrieben» sind Gedächtnishilfen, die schon manchem Schüler die Tücken der Rechtschreibung erleichtert haben.

Mnemotechniken sind nicht einfach nur Tricks. Sie nutzen die Prinzipien von aufnehmen, behalten und ins Gedächtnis zurückrufen. Wenn Ihnen solche Techniken wirklich Nutzen bringen sollen, kommen Sie jedoch nicht umhin, sie zu erlernen und zu üben. Sie bauen auf Ihren Fähigkeiten auf, Informationen zu ordnen, sich ein Bild von ihnen zu machen und Assoziationen herzustellen. Veranschaulichung oder Visualisierung ist die wichtigste Voraussetzung beim Erlernen von Mnemotechniken.

Nutzen Sie Ihr Vorstellungsvermögen – Visualisieren und assoziieren

Eine Information visualisieren heißt, sie als Bild vor dem inneren Auge zu sehen. Wenn Sie sich etwas vorstellen, dann visualisieren Sie. Wenn Sie sich «Baum» vorstellen, dann sehen Sie eher das Bild eines Baumes vor sich als das Wort B-a-u-m. Es ist einfacher, konkrete Bilder vor dem inneren Auge erscheinen zu lassen als abstrakte Bilder. Es fällt Ihnen z. B. leichter, sich eine Orange vorzustellen als eine Frucht, und Sie können sich eher ein Bild von einer Messerstecherei machen als von einem Verbrechen.

Wenn Sie ein Bild aufnehmen, nehmen Sie damit gleichzeitig oft auch Worte auf. In einem solchen Fall ordnen Sie diese Information sowohl visuell als auch verbal ein. Oder Sie nehmen vielleicht mit einem Bild gleichzeitig noch andere Sinneseindrücke wahr. Wen Sie sich z. B. eine Katze auf Ihrem Schoß vorstellen, dann können Sie sich auch vorstellen, daß Sie ihr Schnurren hören, ihr Fell berühren und ihren schwachen, reinlichen Duft riechen. Beim Visualisieren sind Sie nicht unbedingt nur auf das Sehen mit dem inneren Auge beschränkt.

Lassen Sie Ihr Bild lebendig werden

Damit sie uns wirklich nützt, muß eine Visualisierung voller Leben sein. Sind mehrere Sinne beteiligt, so hilft das, Ihr vorgestelltes Bild lebendig werden zu lassen. Um Visualisierung zu üben, sollten Sie sich zunächst etwas ganz Konkretes herausgreifen. Ergänzen Sie es mit Details, so daß Sie es wirklich berühren, fühlen, riechen und schmecken können. Wenn Sie sich z. B. eine Zitronen-Baiser-Torte vorstellen, dann sollten Sie die hellgelbe Füllung und die duftige, weiße Baisermasse wirklich sehen, sollten das fruchtige Aroma riechen, die knusprige Baisermasse fühlen, den Zitronengeschmack auf der Zunge haben.

Eine andere Möglichkeit, Bilder lebendig werden zu lassen, besteht darin, sie übertrieben darzustellen, sich über sie lustig zu machen oder irgendeine Handlung dazu zu erfinden. Je ungewöhnlicher das Bild, desto leichter fällt es Ihnen, sich daran zu erinnern. Zum Beispiel können Sie sich «Pillen» als riesige, einen halben Meter lange, buntgestreifte Kapseln vorstellen, die aufgereiht eine neben der anderen in einer Badewanne stehen.

Visualisierungsübung

Machen Sie sich von folgenden Begriffen jeweils ein möglichst lebendiges Bild und beschreiben es:

Begriff	Beschreibung Ihrer Vorstellung
Brot	
Schirm	
Abendessen	
Arztbesuch	

Oft heißt es, daß die linke Gehirnhälfte in besonderem Maße für logisches Denken, Begründen und sprachliche Fähigkeiten zuständig ist, die rechte dagegen vorrangig für bildhaftes Vorstellen, Phantasie und Sinneswahrnehmungen. In der Schule wurden wir oft belohnt, wenn wir die «linke Seite» des Gehirns benutzt hatten. Visualisierung betrifft hauptsächlich die «rechte Seite» – wir sehen etwas vor unserem inneren Auge und trainieren unsere Phantasie. Das Denken in Bildern zu erlernen kann einige Zeit erfordern und wird Menschen, die nur wenig Übung darin haben, vielleicht unnatürlich vorkommen. Wenn Sie aber berücksichtigen, daß es Ihnen tatsächlich hilft, Dinge besser zu behalten, dann lohnt sich die Mühe.

Alle Mnemotechniken sind angewiesen auf Visualisierung und Assoziationen – Sie versuchen Dinge, an die Sie sich erinnern wollen, mit bereits Bekanntem in Verbindung zu bringen. Die Lokalisationsmethode, das Merkwortsystem und Gedächtnishilfen zur Erinnerung von Namen fußen auf der Assoziationsfähigkeit des Menschen. Wenn Sie sich dieser Techniken bedienen, dann benutzen Sie die bildliche Vorstellung, um mit ihrer Hilfe Assoziationen hervorzurufen.

Die Lokalisationsmethode

Eine der ältesten Gedächtnishilfen ist die Lokalisationsmethode (Loci-Methode). Diese Mnemotechnik geht auf die alten Griechen und Römer zurück. Sie beruht auf der Tatsache, daß der Mensch sich an vertraute Orte besonders gut erinnert, und benutzt solche Orte als Schlüssel, um Informationen ins Gedächtnis zurückzurufen, die mit ihnen assoziiert werden. Die Methode besteht aus zwei Schritten:

1. Etwas, das behalten werden soll, wird mit einem bestimmten Ort in Zusammenhang gebracht.
2. Um diese Information ins Gedächtnis zurückzurufen, ist es nur nötig, sich an den entsprechenden Ort zu erinnern.

Im Grunde ist diese Methode ganz einfach. Ihre ersten Versuche sollten Sie in einer Umgebung starten, die Sie gut kennen, z. B. in Ihrer Wohnung. Stellen Sie sich einige Räume in einer festgelegten Reihenfolge vor. Am besten fangen Sie mit dem Eingang an (Ort 1), betreten dann das Wohnzimmer (Ort 2), gehen von dort ins Eßzimmer (Ort 3), in die Küche (Ort 4) und weiter in die Schlafräume, das Badezimmer usw. Falls Sie noch mehr Schlüssel als Erinnerungshilfen brauchen, ist es auch möglich, einen Raum noch weiter in verschiedene Punkte zu unterteilen. So könnten Sie sich z. B. innerhalb der Küche den Kühlschrank als einen Punkt vorstellen, den Herd als einen weiteren usw. Sie sollten diese vertrauten Punkte klar und deutlich vor Ihrem inneren Auge sehen. Sorgen Sie dafür, daß Sie eine Anzahl von Räumen oder Punkten festlegen, die Sie sich immer in derselben Reihenfolge vorstellen.

Der nächste Schritt besteht darin, neue Informationen, und zwar in der Reihenfolge, in der Sie sie behalten wollen, in Gedanken mit entsprechenden Räumen oder Punkten in der Wohnung zu verbinden.

Nehmen wir z. B. an, Sie wollen sich eine Anzahl von Besorgungen einprägen, die zu erledigen sind. Sie wollen Geld bei der Bank einzahlen und zum Seniorenzentrum gehen, um zu erfahren, wer in diesem Monat seinen Geburtstag feiert. Dann wollen Sie in der Post Briefmarken kaufen und Briefe einwerfen und anschließend in der Apotheke Vitamintabletten besorgen.

Wenn Sie den Gang zur Bank in Verbindung setzen zu Ihrem Hauseingang, dann könnten Sie sich z. B. vorstellen, daß Ihre

Haustür über und über mit Einzahlungsbelegen beklebt ist. Betreten Sie dann im Geiste das Wohnzimmer, könnten Sie sich einen riesigen Geburtstagskuchen mit bunten Kerzen vorstellen, der laut sagt: «Herzlichen Glückwunsch an alle, die im März geboren sind.» Im Eßzimmer liegen drei Briefe auf dem Tisch, und auf jedem steht eine große Fahne mit der Aufschrift «Bring mich zur Post». Wenn Sie in die Küche gehen, sollten Sie vorsichtig sein, weil dort überall Briefmarken kleben, an der Kühlschranktür, auf den Arbeitsplatten, am Herd; wo Sie auch hinfassen, kleben Briefmarken an Ihren Fingern.

So wenden Sie die Lokalisationsmethode an

1. Machen Sie eine Liste aller Einzelinformationen, die Sie behalten möchten.
2. Skizzieren Sie den Grundriß Ihrer Wohnung.
3. Verbinden Sie in Ihrer Vorstellung die erste Information Ihrer Liste mit der Wohnungstür, die zweite mit dem Wohnzimmer usw.
4. Schreiben Sie dann die ganze Liste noch einmal aus dem Gedächtnis nieder.

Die Lokalisationsmethode können Sie anwenden, um sich z.B. Einzelposten Ihrer Einkaufsliste, Erledigungen, Namen oder den Ablauf einer Rede besser einzuprägen. Mit ihrer Hilfe können Sie auch einen Gedanken festhalten, der Ihnen gerade in den Kopf kommt. Sie können ihn fixieren, indem Sie ihn innerlich einem bestimmten Raum Ihrer Wohnung, z. B. dem Eßzimmer oder der Küche, zuordnen. Stunden oder sogar Tage später, wenn Sie sich an diesen Gedanken erinnern wollen, können Sie sich den Raum vorstellen, und der Gedanke wird sich – falls Sie die Methode in der Zwischenzeit nicht noch einmal angewendet haben – erneut einstellen.

Das Merkwortsystem

Das Merkwortsystem ist sehr wirkungsvoll und kann zu erstaunlichen Ergebnissen führen. Es ist wahrscheinlich die bekannteste Technik und wird häufig von Gedächtniskünstlern, Entertainern und Studenten, die sich wissenschaftlich mit dem Gedächtnistraining beschäftigen, angewendet.

Das Merkwortsystem heißt so, weil es Merkwörter als «Aufhänger» zur Verfügung stellt, an denen beziehungslose Wörter oder Gedanken, die Sie behalten wollen, fixiert werden können. Merkwörter bewirken zweierlei:

1. Sie helfen Ihnen, Informationen, die Sie behalten möchten, zu ordnen.
2. Sie dienen als Erinnerungsstützen, wenn Sie sich diese Informationen später wieder ins Gedächtnis zurückrufen wollen.

Merkwörter veranschaulichen Zahlen:

Die folgende Liste enthält mögliche Merkwörter oder -symbole für die Ziffern 0–9.

0 = ein Ei
1 = ein Einhorn
2 = Zwillinge
3 = ein Dreirad
4 = ein Stuhl (mit 4 Beinen)
5 = eine Hand (mit fünf Fingern)
6 = ein Würfel (mit der 6 obenauf)
7 = ein Siebenschläfer
8 = eine (Sand-)Eieruhr
9 = ein Kegelspiel

Sie können jedes dieser Merkwörter natürlich auch durch ein anderes ersetzen, das Ihnen persönlich die entsprechende Zahl noch besser zu veranschaulichen scheint, z. B. für die 3 ein Kleeblatt statt eines Dreirads, für die 8 eine Achterbahn statt einer Eieruhr usw.

Zeichnen Sie Ihre Merksymbole

Stellen Sie sich jedes Merksymbol möglichst anschaulich vor und zeichnen dann in einfachen Strichen ein Ei, ein Einhorn, Zwillinge usw. Das Ergebnis Ihrer künstlerischen Bemühungen mag vielleicht zum Lachen sein, aber allein der Vorgang des Zeichnens hilft Ihnen, sich die Merkwörter einzuprägen.

Sobald sich feste Assoziationen zwischen Zahlen und zugeordneten Symbolen bei Ihnen entwickelt haben, können Sie über Ihre Merkwörter verfügen. Testen Sie sich selbst. Stellen Sie sich jedes Merkwort vor, während Sie es laut benennen: Ei – Einhorn – Zwillinge – Dreirad – Stuhl – Hand – Würfel – Siebenschläfer – Eieruhr – Kegelspiel. Anschließend versuchen Sie es andersherum und stellen sich jeweils das Merkwort für 6, 3, 8, 1, 4, 7, 9, 2, 5, 0 vor. Sie werden feststellen, daß die Merkwort-Methode für viel Flexibilität sorgt. Sie brauchen sich nicht an die Reihenfolge 0–9 zu halten, um damit arbeiten zu können.

So wenden Sie das Merkwortsystem an

Mit Hilfe des Merkwortsystems fällt es Ihnen leicht, sich an zahlreiche Einzelheiten zu erinnern. Sie verbinden einfach Worte oder Begriffe, die Sie behalten wollen, mit den Merkwörtern.

Angenommen, Sie wollen für Ihren Einkauf zehn Einzelposten behalten: Möhren, Kleenextücher, Katzenfutter, Milch, Limonade, ein verschreibungspflichtiges Medikament, Briefmarken, Kugelschreiber, Nägel und Vogelfutter.

Setzen Sie jeden einzelnen Posten in Beziehung zu einem der Merkwörter, die Sie sich eingeprägt haben. Dabei sollten Sie versuchen, sich diese Bild-Paare so lebendig wie möglich vorzustellen. Lassen Sie allzu wirklichkeitsgetreue Bilder beiseite, und sorgen Sie für ein bißchen Spaß. Die Effektivität dieser Wort-Paare beruht auf Bildkombinationen, die durch Übertreibung leicht lächerlich wirken.

So könnten Sie sich z. B. Ihre Einkaufsliste einprägen:

Ein Einhorn (1) verspeist gerade eine riesige, leuchtend orangerote *Möhre*. Ein über und über mit roter Marmelade verschmiertes Zwillingspaar (2) versucht sich gegenseitig mit handtuchgroßen grünen *Kleenextüchern* zu säubern. Ein personifiziertes Paket *Katzenfutter* flüchtet auf einem Dreirad (3) vor einer Meute hungriger Katzen. Eine Tüte *Milch* balanciert auf der Lehne Ihres wertvollsten Stuhles (4) und droht umzukippen. Die *Limonadenflasche* ist so klebrig, daß Ihre Hand (5) fest daran haftenbleibt. In der Apotheke will man Ihnen das verordnete *Medikament* nur aushändigen, wenn Sie mit einem riesigen bunten Würfel (6) eine Sechs würfeln. Ein Siebenschläfer (7) liegt in einem Nest aus lauter *Briefmarken*. Der Sand einer Eieruhr (8) kann nicht vom oberen in den unteren Teil des Glases laufen, weil ein *Kugelschreiber* im Durchlaß steckt. Die Kegel eines Kegelspiels (9) fallen nicht um, weil sie mit *Nägeln* am Boden fixiert sind. Ein Einhorn, das auf einem riesigen Ei balanciert (10), hat an seinem Horn lauter Päckchen mit *Vogelfutter* hängen, an denen bereits hungrige Vögel picken. Wenn Sie nun «Einhorn» denken, dann sehen Sie die Möhre vor sich; wenn Sie «Zwillinge» denken, erscheinen grüne Kleenextücher vor Ihrem geistigen Auge usw., bis hin zum «Einhorn auf Ei», das die Assoziation «Vogelfutter-Päckchen» auslöst. Die Merkwörter sorgen für Ordnung und dienen als Schlüsselbilder, die leicht vorstellbar sind und Ihr Interesse wachhalten.

Jede Vorstellung, die ein bißchen verrückt oder absurd ist, trägt dazu bei, daß Sie Spaß haben, hilft aber auch, daß Sie das, was Sie sich später ins Gedächtnis zurückrufen wollen, wirklich behalten.

Sie können Ihre Merkwörter immer wieder für verschiedene Listen nutzen. Sobald Sie neue Assoziationen mit ihnen verbinden, werden die vorhergehenden ausgelöscht. Wenn Sie eine Liste erledigt haben, sind Ihre Merkwörter wieder frei und können erneut eingesetzt werden.

Mit Hilfe der Merkwortsysteme können Sie sich Informationen auf eine sichere und effiziente Art einprägen. Jedes Merkwort ist ein Schlüssel, mit dem Sie sich den zugeordneten Gegenstand ins Gedächtnis zurückrufen können. Sie müssen nur an das Merkwort denken, um ihn zu finden. Dabei können Sie sich Gegenstände der Reihe nach, z. B. von 1 – 10, ins Gedächtnis zurückrufen oder auch einfach wahllos und ohne feste Reihenfolge. Falls Sie die Merkwortreihe erweitern möchten, können Sie jede gewünschte Kombination aus den Ziffern bilden, z. B. das Einhorn auf einem Riesenei balancieren (10) oder Zwillinge auf ihm reiten lassen (12). Schaffen Sie sich Ihre ganz persönliche Merkwortliste.

Anwendungsmöglichkeiten für das Merkwortsystem

Merkwörter erweisen sich als besonders nützlich, wenn es darum geht, sich Einkaufslisten, Besorgungen oder andere Dinge, die erledigt werden müssen, einzuprägen. Mit ihrer Hilfe können Sie auch den Überblick über Ihre verschiedenen täglichen Aktivitäten behalten: Sie wissen immer genau, wieweit Sie Ihre geplanten Vorhaben bereits verwirklicht haben. Das Merkwortsystem kann Ihnen das Gefühl vermitteln, alles im Griff zu haben. Wie jede Mnemotechnik muß diese Methode jedoch beherrscht werden. Trotzdem kann es Spaß machen, damit zu arbeiten.

Praktische Übung zum Merkwortsystem

Schreiben Sie auf, was Sie alles einkaufen wollen:

1.	6.
2.	7.
3.	8.
4.	9.
5.	10.

Stellen Sie sich möglichst lebendig jeden Gegenstand in Verbindung mit dem entsprechenden Merkwort vor. Beschreiben Sie jeweils diese Bilder:

1.	6.
2.	7.
3.	8.
4.	9.
5.	10.

Versuchen Sie, die Gegenstände, die Sie behalten möchten, der Reihe nach, in willkürlicher Reihenfolge und sogar rückwärts aufzuzählen. Sie sollten diese Übung gegebenenfalls mit anderen Listen wiederholen.

Was alles in einem Namen steckt – Sich an Namen und Gesichter erinnern

Ihr Name repräsentiert Ihre Herkunft und Ihre Individualität. Er stellt dar, wer Sie sind. Wenn Sie irgendwo hingehen, z. B. in ein Geschäft, ein Restaurant, zur Kirche oder ins Seniorenzentrum, und namentlich begrüßt werden, haben Sie das Gefühl, etwas Besonderes zu sein und nicht nur irgendwer. Dadurch, daß Sie sich an den Namen eines Menschen erinnern, geben Sie indirekt zu erkennen, daß er oder sie einmalig für Sie ist. Sie sagen ihm: «Ich weiß, daß du es bist und nicht nur irgendein beliebiger Mensch.» Weil die Namen im Zusammenleben von Menschen so wichtig sind, ärgern wir uns besonders, wenn wir merken, daß wir sie nicht behalten können.

Warum wir Namen vergessen

- Wir passen nicht auf oder prägen uns den Namen nicht intensiv genug ein, um ihn wirklich aufzunehmen.
- Wir sind mit zunehmendem Alter u. U. leichter zerstreut.
- Wir sind angespannt oder mit anderen Dingen beschäftigt.
- Wir denken an einen anderen Namen, wenn wir meinen, den richtigen Namen zu nennen.

Sich an Gesichter zu erinnern scheint weniger Schwierigkeiten zu bereiten, als Namen zu behalten. Wenn jemand sagt: «Ich kenne Ihr Gesicht, aber mir fällt Ihr Name nicht ein», dann kann das verschiedene Gründe haben:

- Ganz allgemein fällt es leichter, sich an Gesehenes als an Gehörtes zu erinnern.
- Wiedererkennen ist einfacher, als wieder ins Gedächtnis zurückzurufen. Ein Gesicht zu identifizieren bedeutet, es wiederzuerkennen; sich an einen Namen zu erinnern bedeutet, sich ihn ins Gedächtnis zurückzurufen.

Um Namen und Gesichter besser zu behalten, sollten Sie versuchen, in vier Schritten vorzugehen:

- Sorgen Sie dafür, daß Sie den jeweiligen Namen auch wirklich aufnehmen.
- Bringen Sie den Namen mit irgend etwas in Verbindung, das eine konkrete Bedeutung hat.
- Merken Sie sich charakteristische Gesichtszüge des betreffenden Menschen.
- Stellen Sie zwischen dem Namen und den charakteristischen Gesichtszügen eine anschauliche Assoziation her.

Sorgen Sie dafür, daß Sie den jeweiligen Namen auch wirklich aufnehmen

Wenn Sie jemandem vorgestellt werden, dann hören Sie ihren oder seinen Namen in der Regel nur einmal. Es handelt sich vielleicht um einen fremd klingenden Namen, er wird u. U. schnell oder leise genannt, oder Sie verstehen ihn falsch. Vielleicht interessieren Sie sich gleichzeitig auch für andere Leute im Raum, sind damit beschäftigt, welchen Eindruck Sie wohl in dieser Runde machen, oder erpicht darauf, jemand anderem vorgestellt zu werden. All diese und zusätzlich noch viele andere Ursachen können leicht dazu führen, daß Sie abgelenkt sind und davon abgehalten werden, den Namen bewußt zu registrieren.

Selbst wenn Sie den Namen richtig verstanden haben, so hat die gesamte Vorstellung wahrscheinlich weniger als zwei oder drei Sekunden gedauert. Den Namen nur ein einziges Mal zu hören reicht in der Regel aber nicht aus, um ihn wirklich aufzunehmen. Um das sicherzustellen, sollten Sie ihn sich bewußt einprägen, indem Sie ihn mehrere Male wiederholen. Sie können vielleicht versuchen, den Namen im Gespräch anzuwenden, ihn selbst zu buchstabieren, oder die betreffende Person bitten, ihn zu buchstabieren. Wenn Sie ihn vier- oder fünfmal wiederholt oder mehrmals gehört haben, dann werden Sie ihn wahrscheinlich behalten. Aufmerksamkeit – Konzentration auf die betreffende Person und ihren Namen – ist dabei ganz besonders wichtig.

Bringen Sie den Namen mit irgend etwas Wichtigem und Konkretem in Verbindung

Bildhafte Namen wie Löwe, Vogel, Fuchs, Baum, Zimmermann, Schneider kann man sich verhältnismäßig leicht bildlich vorstellen. Schwierigkeiten ergeben sich beim Visualisieren, wenn der Name, den Sie behalten wollen, weder irgendeine Bedeutung hat noch gegenständlich ist. Um in solchen Fällen weiterzukommen, zerlegen Sie den Namen so, daß sich mehrere kurze, sinnvolle und möglichst anschauliche Wörter ergeben. Der Name Schumann z. B. kann zerlegt werden in «Schuh» und «Mann». Sie können sich als Bild einen Mann vorstellen, der an einem Fuß einen riesigen Schuh trägt. Der Name Rodenski kann aufgeteilt werden in «Roden» und «Ski». Sie sehen vor sich einen Wald aus lauter Skiern, der gerade gerodet wird.

Finden Sie selbst Ersatzwörter und Bilder

Name	Ersatzwörter	Bild
Winkelmann		
Stadelbauer		
Kaminski		
Laufenberg		

Merken Sie sich charakteristische Gesichtszüge

Um eine enge Verbindung zwischen dem Namen und dem Gesicht herzustellen, müssen Sie sich ein lebendiges und konkretes Bild vorstellen. Wenn Sie sich normalerweise das Gesicht eines Menschen nicht sehr genau ansehen, fällt es Ihnen vielleicht schwer, überhaupt etwas Charakteristisches darin zu entdecken. Manche Gesichter kann man sich jedoch leichter merken als andere. In der Regel prägen sich auffallend schöne und auffallend häßliche Gesichter besonders gut ein. An Gesichter, die der eigenen Rasse angehören, erinnert man sich eher als an die anderer Rassen. Sie können regelrecht üben, in einem Gesicht jeweils ein oder zwei Merkmale herauszufinden, die besonders hervorstechen, z. B. die Augen eines Menschen, sein Lächeln oder sein Kinn.

Stellen Sie zwischen dem Namen und den charakteristischen Gesichtszügen eines Menschen eine bildhafte Assoziation her

Angenommen, Sie haben gerade Frau Knocke kennengelernt. Sie hat ein rundes Gesicht mit breiten Wangenknochen. Zuerst einmal registrieren Sie ihren Namen und geben ihm eine Bedeutung. In diesem Fall könnten Sie z. B. Knocke durch das ähnlich klingende «Knochen» ersetzen und vor Ihrem inneren Auge das Bild eines Knochens erscheinen lassen. Wenn Sie sich das Gesicht von Frau Knocke genauer ansehen, stellen Sie vielleicht fest, daß die breiten Wangenknochen ein besonders charakteristischer Zug ihres Gesichts sind. Versuchen Sie nun, Namen und hervorstechendes Merkmal auf eine anschauliche und bildhafte Art miteinander zu verbinden. Vielleicht könnten auf Ihrem imaginären Bild zwei große Suppenknochen in zwei dick aufgeblähten Backentaschen stecken. Jedesmal, wenn Sie in Zukunft Frau Knocke treffen, werden Sie ihre Wangen sehen, werden sich an das Bild der darin steckenden Knochen erinnern, und die Knochen werden Ihnen als Schlüssel für ihren Namen dienen.

In einer bekannten Scherzgeschichte versucht Frau Schmidt sich den Namen von Herrn Mampe zu merken. Sie stellt fest, daß dieser recht wohlbeleibt ist, und assoziiert seinen Namen mit «Wampe». Am nächsten Tag trifft sie Herrn Mampe auf der Straße und begrüßt ihn freundlich mit «Guten Tag, Herr Bauch». Die Gefahr bei dieser Art, sich Namen zu merken, besteht darin, daß Sie vor lauter Ersatzwörtern und Vorstellungen den richtigen Namen vergessen.

So merken Sie sich den Namen eines Menschen

1. Hören Sie genau zu, wenn der Name genannt wird, und nehmen Sie ihn bewußt zur Kenntnis. Wiederholen Sie ihn.
2. Geben Sie dem Namen eine Bedeutung.
3. Betrachten Sie aufmerksam das Gesicht der oder des Vorgestellten. Suchen Sie nach hervorstechenden Zügen.
4. Verbinden Sie vor Ihrem inneren Auge die Vorstellung, die Sie mit dem Namen assoziieren, und die charakteristischen Gesichtszüge in einem lebendigen, spannungsreichen Bild.

Dieser vier Schritte bedienen wir uns allgemein in vielen Alltagssituationen, manchmal bewußt und manchmal ganz automatisch. Wenn Sie diesen Ablauf üben, werden Sie Ihre Fähigkeit, Namen und Gesichter zu behalten, deutlich verbessern.

Üben Sie das Erinnern von Namen

Schreiben Sie die Namen von fünf Personen auf, die Sie kennen, und beschreiben Sie ihre hervorstechenden Gesichtszüge. Stellen Sie Assoziationen her zwischen Namen und Aussehen.

Während der folgenden zwei Wochen machen Sie das gleiche mit den Namen von Menschen, die Sie erst kürzlich kennengelernt haben. Üben Sie gemeinsam mit einem Freund.

Zusammenfassung

Die Lokalisationsmethode, das Merkwortsystem und Gedächtnishilfen für das Erinnern von Namen haben durch Phantasie, Spaß und Übertreibung alle etwas Spielerisches. Gerade das aber macht sie so effektiv. Mnemotechniken nutzen Ihre geistige Beweglichkeit, um Ihre Erinnerungsfähigkeit zu stärken. Obwohl sie nur begrenzt anwendbar sind, können sie doch eine wertvolle Hilfe beim Aufnehmen, Behalten und Wiedererinnern von speziellen Einzelinformationen sein.

Kapitel IX

Lebensweise und Gedächtnis

Das Zusammenwirken von Körper, Seele und Geist

«Jeder Mensch besteht aus Körper, Seele und Geist. Diese drei Bereiche sind derart miteinander verwoben, daß es unmöglich ist, scharfe Grenzen zu ziehen. Was den einen Bereich betrifft, betrifft auch die anderen, und alle beeinflussen sich wechselseitig.»

Es ist unmöglich, über altersbedingte Gedächtnisveränderungen zu sprechen, ohne sich gleichzeitig der engen Verbindung bewußt zu werden, die zwischen Gedächtnis einerseits und Körper, Seele, Gefühlen und Gedanken andererseits besteht. Alles ist miteinander verflochten und wirkt zusammen, um uns zu dem zu machen, was wir sind. Unser Gedächtnis beeinflußt unsere ganze Art zu leben und wird seinerseits wieder durch unsere Lebensweise beeinflußt.

Wir kennen das alle: An «guten Tagen» leben wir in Frieden mit unserem Körper; unsere Seele ist klar und fröhlich, und wir sehen alles sehr positiv. Wir fühlen uns ausgeglichen und stellen fest, daß Seele, Körper und Gefühle harmonisch zusammenwirken.

«Schlechte Tage» jedoch, seien sie durch Streß, Müdigkeit, Depressionen oder Krankheit bedingt, sind unbefriedigend und unerfreulich. Unser Körper und unsere Gefühle machen uns zu schaffen, quälen uns manchmal sogar, unsere Stimmung ist gedrückt und wird durch lauter negative Gedanken gestört. Wir haben das Gefühl, aus dem Gleichgewicht zu sein und die Beziehung zu unserem eigentlichen Ich verloren zu haben. Wenn wir innehalten und uns beobachten, dann können wir deutlich feststellen, daß Körper, Seele und Geist sich wechselseitig beeinflussen. Ihr Zusammenwirken ist unerläßlich, um ein Gefühl von Ausgeglichenheit und Ganzheit wiederzugewinnen. Wenn ein Teil des Ganzen in Not ist, müssen die Hilfskräfte der anderen mobilisiert werden. Nirgendwo wird das deutlicher als bei körperlichen Veränderungen.

Das folgende Beispiel zeigt, wie ein Mann sich selbst als ganzheitliches Wesen begreifen lernte.

«Dank der heutigen aufgeklärten Krankenhauspraxis konnte ich bereits 48 Stunden nach einer Bruchoperation wieder nach Hause gehen. Obwohl ich schon älter bin, führe ich meine schnelle Genesung aber auch auf persönliche günstige Voraussetzungen zurück. Durch regelmäßige tägliche Gymnastik bin ich körperlich in guter Verfassung. Ich achte sorgfältig auf meine Ernährung – viel Obst und Gemüse, Vitamine, kein rohes Fleisch, wenig Alkohol – und bin Nichtraucher. Im Krankenhaus lag ich in einem Mehrbettzimmer, das bedeutete für mich, daß ich auf meine Mitpatienten eingehen mußte und mich nicht in meine Schmerzen und trüben Gedanken zurückziehen konnte. Häufig unterhielt ich mich mit einem fröhlichen jungen Mann im Bett gegenüber. Mit meinem anderen Zimmergenossen, dessen negative Einstellung offensichtlich seine Genesung beeinträchtigte, beschäftigte ich mich nicht allzuviel.

Da ich so bald wie möglich nach Hause wollte, tat ich alles, was ich konnte, um mir selber zu helfen. Ich nahm z. B. viel Flüssigkeit zu mir und machte kurze Spaziergänge. Während einer Runde durch die Flure pfiff ich vor mich hin. Eine Schwester lächelte im

Vorbeigehen und sagte: ‹Das klingt nett.› Wir fühlten uns beide gut. Ich behielt soweit wie möglich meine täglichen Gewohnheiten bei, vor allem meine Meditationsübungen und meine Gebete zu Beginn des Tages.

Nach meiner Heimkehr machte meine Erholung weiter Fortschritte. Aber noch ehe ich vollständig genesen war, übernahm ich zunehmend wieder mehr meiner gewohnten Aufgaben. Dabei ärgerten mich Dinge, die mich normalerweise nie gestört hätten. Ich war übernervös und bemerkte, daß ich leicht etwas vergaß und nicht so auf Draht war wie sonst. Erst mit der Zeit und zunehmender Kräftigung erlangte ich die Fähigkeit zurück, die täglichen Herausforderungen und Schwierigkeiten meines Lebens wieder mit mehr Ausgeglichenheit und Realitätssinn zu bewältigen.»

Die ganzheitliche Sicht des Lebens hilft uns, alle unsere Persönlichkeitsbereiche, einschließlich des Gedächtnisses, richtig zu beurteilen. Statt das Gedächtnis ausschließlich im Zusammenhang mit funktionierenden Gehirnzellen zu sehen, wie das die meisten Bücher zur «Gedächtnisverbesserung» tun, gehen wir davon aus, daß sowohl körperliche und seelische Verfassung als auch emotionale und geistige Kräfte die Arbeitsweise unseres Gedächtnisses beeinflussen.

Daran sollten wir denken, wenn wir nun kurz verschiedene Bereiche unserer Lebensweise betrachten, die unser Erinnerungsvermögen beeinflussen können. Körper und Seele werden in starkem Maße durch das beeinflußt, was wir essen und trinken. Aber auch Medikamente, Rauchen, Streß, physische Anstrengung und Entspannung spielen eine Rolle. Sie alle wirken sich auf das Gedächtnis aus. Unsere Seele, unsere Gefühle und unsere Gedanken stehen in Zusammenhang mit unserem Selbstwertgefühl, und das Gedächtnis wird von diesem Selbstwertgefühl beeinflußt. Körper,

Seele und Geist sind auf dem Weg zu mehr Selbstakzeptanz und Weisheit gleichermaßen wichtig. Das Gedächtnis spielt dabei eine bedeutende Rolle.

Welchen Einfluß hat die Ernährung auf das Gedächtnis?

Für die meisten Menschen hat das Essen einen sehr hohen Stellenwert, und das, was wir essen, wirkt sich in hohem Maße auf unser Wohlbefinden aus. Nicht nur, daß Körper und Geist durch die aufgenommenen Speisen ernährt werden, auch unsere Gefühle werden beeinflußt. Wenn wir eine besondere Speise, die unserem Herzen und unserem Magen lieb und teuer ist, essen oder zubereiten, können wir uns wie Liebende oder Geliebte fühlen. Bestimmte Nahrungsmittel assoziieren wir mit bedeutsamen Tagen, wie Weihnachten, Ostern, Geburtstagen oder Hochzeitstagen. Essen ist Teil vieler wichtiger Gebräuche und Rituale in unserem Leben. Bei derartigen Anlässen bedeutet es mehr, als nur den Körper zu sättigen.

Unsere alltägliche Nahrung ist sogar noch wichtiger für ein gesundes Zusammenspielen von Körper, Seele und Empfindungen. Das Gefühl des Wohlbefindens, das sich einstellt, wenn wir das essen, was der Körper wirklich braucht, wirkt sich auch auf unsere Stimmung und unsere ganze Lebenseinstellung aus.

Ernährung beeinflußt die Arbeitsweise des Gehirns und hat deutliche Auswirkungen auf seine Funktionen. Manchem alleinstehenden älteren Menschen macht es zuviel Mühe, für sich alleine zu kochen, er oder sie lebt von Tee und Toast oder ernährt sich auf andere Weise völlig unzureichend und unausgewogen. Dadurch wird der Körper geschädigt und ist nicht mehr in der

Lage, seine Aufgaben ordnungsgemäß zu erfüllen. Schließlich stellen solche Menschen dann eines Tages bei sich die ersten Gedächtnisprobleme fest.

Wissenschaftlich ist zwar noch nicht genau geklärt, auf welche Weise die Ernährung das Gedächtnis beeinflußt, man weiß jedoch, daß bestimmte unausgewogene Ernährungsformen tatsächlich Probleme verursachen. Bekannt ist, daß bei Kindern die Erinnerungsfähigkeit durch Eisenmangel, Nahrungsmittelzusätze, übermäßigen Zuckerkonsum und Eiweißunterversorgung beeinträchtigt wird. Sie können sich nur noch kurze Zeit konzentrieren, werden zappelig und lassen sich leicht ablenken. Auch die unausgewogene Versorgung mit bestimmten Vitaminen und Mineralien scheint eine Rolle bei Gedächtnisproblemen zu spielen. Einige Wissenschaftler sind der Meinung, daß das, was für Kinder gilt, auch Gültigkeit für Erwachsene besitzt.

In seiner körperlich aktiven Zeit gewöhnt sich der Mensch daran, bestimmte Nahrungsarten und -mengen zu essen. Wenn er dann weniger aktiv wird, ist es oft schwierig für ihn, seine Eßgewohnheiten zu ändern. Der Körper benötigt aber mit zunehmendem Alter und verlangsamtem Stoffwechsel weniger Kalorien. Obwohl ältere Menschen häufig weniger essen, hat ihr Körper einschließlich des Gedächtnisses immer noch einen gleich hohen Vitamin- und Mineralbedarf wie früher. Sie sollten auf eine vielseitige, ausgewogene Ernährung achten, aber eine kalorienreduzierte.

Ältere Menschen können es sich nicht leisten, leere Kalorien zu sich zu nehmen, wie z. B. Zucker, der nur sehr geringen Wert für die Ernährung besitzt und mit einer ganzen Reihe von Leiden in Verbindung gebracht wird. Sie können es sich auch nicht leisten, minderwertige Fertignahrung zu essen, die viel Zucker, Fett, Salz und Zusatzstoffe enthält.

Dadurch, daß der Verdauungsprozeß sich verlangsamt, leiden

ältere Menschen häufig unter Verstopfung. Verstopfung aber kann zu geistiger Trägheit und Reizbarkeit führen und hat damit auch Auswirkungen auf die Gedächtnisleistung. Mehr Ballast- oder Faserstoffe, wie Kleie oder Vollkornprodukte, können erheblich zur Überwindung dieses Problems beitragen.

Bei älteren Menschen ist häufig das Durstempfinden reduziert. Es geschieht leicht, daß man nicht daran denkt, täglich eine ausreichende Wassermenge zu sich zu nehmen. Aber gerade für ältere Menschen ist es sehr wichtig, pro Tag mindestens sechs bis acht Gläser Flüssigkeit zu trinken.

Wasser hilft:

- Verstopfung zu bekämpfen
- Medikamente zu absorbieren
- die Verdauung zu fördern
- die Nierenfunktion zu verbessern
- geistig rege zu bleiben

Austrocknung ist unter älteren Menschen weit verbreitet. Wassermangel im Körper hat aber auch direkte und tiefgreifende Auswirkungen auf das Gedächtnis. Austrocknung erschwert das Denken und führt zu geistiger Verwirrung.

Es ist schon viel über die ernährungsphysiologische Bedeutung der Vitamine A und D, B, C und E sowie von Mineralien wie Kalzium, Magnesium, Eisen, Zink und anderen geschrieben worden. Obwohl Experten über den Nutzen von zusätzlichen Vitamin- und Mineralgaben noch uneins sind, haben viele ältere Menschen den Eindruck, daß eine zusätzliche Einnahme ihre Spannkraft und ihr Wohlbefinden verbessert. Mediziner sind sich nicht einig darüber, welche Vitamine und Mineralien in welcher Menge der Ernährung älterer Menschen zugesetzt werden sollten. Lesen Sie soviel wie möglich über aktuelle Forschungsergebnisse, und versuchen Sie, die Glaubwürdigkeit des jeweiligen Autors zu überprüfen. Letzten Endes aber müssen Sie selber entscheiden, ob und in welcher Menge Sie Vitamin- und Mineralzusätze nehmen wollen. Eine eindeutige offizielle Stellungnahme zu dieser Frage gibt es noch nicht.

Nach überwiegender Auffassung der Ernährungswissenschaftler sollten die meisten Erwachsenen drastisch den Zucker-, Fett- und Salzanteil in ihrer Nahrung senken. Dagegen sollten sie häufig und in abwechslungsreicher Form Gemüse, Obst und Vollkornprodukte zu sich nehmen. Eiweiß, wie Fleisch, Geflügel, Eier und Milchprodukte, sollte in mäßigen Mengen gegessen werden. Das Wohlbefinden wird beeinträchtigt durch:

- die Qualität der Nahrung
- die Nahrungsmenge
- den Abwechslungsreichtum der Nahrung
- die Menge der aufgenommenen Flüssigkeit
- Art und Menge von Vitaminen und Mineralien
- den Verbrauch von Salz, Zucker, Fett, Nahrungsmittelzusätzen

Wenn ein Mensch in richtiger Menge eine abwechslungsreiche, nahrhafte Kost zu sich nimmt und täglich eine ausreichende Menge Wasser trinkt, wenn er genug Vitamine und Mineralien bekommt, wenn er seinen Salz-, Zucker-, Fett- und Zusatzstoffverbrauch einschränkt – dann behandelt er seinen Körper richtig. Außerdem verhilft er seinem Gedächtnis zu besseren Leistungen.

Die Wirkung von Alkohol, Tabak, Kaffee und Tee auf das Gedächtnis

«Wenn Alkohol und Altern zusammenwirken, dann richten sie in den Gehirnzellen vermutlich mehr Schaden an, als jeder Faktor für sich alleine verursachen würde.»

Diese Feststellung aus der Zeitschrift «Prevention» (Vorbeugung) mag für ältere Menschen, zu deren täglichem Leben auch das Trinken von Alkohol gehört, ziemlich bedrückend sein. Viele Menschen meinen, daß das Trinken in geselliger Runde ihr Leben bereichere. Sie verbinden damit die Vorstellung von Entspannung und Spaß. Probleme ergeben sich jedoch, wenn gelegentliches Trinken in Gesellschaft zu gewohnheitsmäßigem Trinken wird, das den Menschen vom Alkohol abhängig macht. Ganz gleich, in welchem Alter er oder sie sich befindet, wirkt sich eine solche Entwicklung zerstörerisch auf den Körper aus, und zwar einschließlich des Gehirns. Ein älterer Mensch, der gewohnheitsmäßig trinkt, wird aber wahrscheinlich noch stärker geschädigt als ein jüngerer.

In einer Broschüre zum Thema «Alkoholismus und Altern» heißt es: «Die Auswirkungen des Alkohols hängen ab vom Alter, von der Stimmung und von der Gesundheit des Trinkenden. Wenn Sie älter als 55 Jahre sind, können Sie genausoviel trinken, wie Sie es immer getan haben, aber die Auswirkungen sind anders. Der Blutalkoholspiegel steigt schneller, und die Wirkung hält länger an.»

Alkohol geht rasch ins Blut über und gelangt ungehindert direkt ins Gehirn. Dieser Prozeß kann in knapp 5 Minuten ablaufen. Mit einem Blutalkoholspiegel von nur 0,8 Promille ist ein Mensch aber schon im Rauschzustand und verliert die Kontrolle über sich.

Bei einem älteren Menschen genügt eine geringere Menge Alkohol, um abhängig zu werden, als bei einem jüngeren. Schon regelmäßig zwei bis drei Drinks vier- oder fünfmal wöchentlich verringern die Erinnerungsfähigkeit, und je mehr der Betreffende trinkt, desto stärker kann sein Gedächtnis geschädigt werden. Ein Trinker hat häufig Schwierigkeiten, sich an Dinge zu erinnern, die während seines Rausches geschehen sind. Im Extremfall kommt es zum alkoholischen Blackout.

Auch die Alkoholmenge, die man irgendwann früher zu sich genommen hat, beeinflußt das Erinnerungsvermögen. Es hat sich gezeigt, daß Alkohol das Erinnerungsvermögen von Frauen offenbar stärker beeinflußt als das von Männern. Frauen scheinen Alkohol langsamer zu absorbieren und auszuscheiden und bekommen bei gleicher Alkoholmenge oft einen stärkeren Rausch als Männer.

Alkohol und Medikamente

Viele ältere Menschen nehmen regelmäßig Medikamente. Alkohol kann aber besonders schädlich sein, wenn er zusammen mit bestimmten Medikamenten genommen wird. Sie sollten deshalb niemals Alkohol trinken, wenn Sie Barbiturate, blutdrucksenkende Medikamente, Herzmittel, Antibiotika oder Tranquilizer nehmen. Eine Kombination bestimmter Medikamente mit Alkohol kann die Wirkung der Arzneimittel um das Zehnfache steigern. Das führt möglicherweise zu Verwirrung, Schläfrigkeit, tiefem Schlaf und schlimmstenfalls sogar bis zum Koma.

Tabak, Kaffee und Tee

Neben Alkohol gelten auch Tabak, Kaffee und Tee als Aufputschmittel. Raucher, die zusätzlich noch in großen Mengen Kaffee und Tee trinken, nehmen genau betrachtet Aufputschdrogen, die auch Auswirkungen auf ihr Gedächtnis haben.

Rauchen setzt die Sauerstoffmenge herab, die dem Gehirn zur Verfügung steht. Ein niedrigeres Sauerstoffangebot führt aber dazu, daß die Leistungsfähigkeit des Gehirns sich verringert. Wissenschaftler haben herausgefunden, daß Raucher in Gedächtnistests deutlich schlechter abschneiden als Nichtraucher.

Die belebende Wirkung von Koffein ist der Grund dafür, daß so viele Menschen meinen, den Tag nicht ohne eine Tasse Kaffee oder Tee beginnen zu können. Generell wirkt sich im Stadium der Informationsaufnahme eine gewisse Anregung günstig aus. In größeren Mengen führt Koffein jedoch zu Reizbarkeit, die die Konzentration beeinträchtigt und Zerstreutheit verstärkt. Zuviel Koffein kann also tatsächlich Probleme bei der Informationsaufnahme verursachen. Weil es sich oft schlafstörend auswirkt, kann es darüber hinaus auch zu Müdigkeit und Benommenheit führen.

Koffein benötigt ungefähr vier Stunden, um den Körper zu passieren, und mehr als drei Tassen pro Tag können Übererregbarkeit, hohen Blutdruck und Magengeschwüre hervorrufen. Tee enthält weniger Koffein als Kaffee, aber das im Tee enthaltene Tannin kann sogar eine noch stärker anregende Wirkung haben.

Alle Aufputschmittel – Alkohol, Tabak, Kaffee, Tee – sollten maßvoll genosen werden. Obwohl wir beim Rauchen, Tee- oder Kaffeetrinken die unmittelbaren Folgen nicht immer sofort erkennen können, sollten wir solche belebenden Substanzen immer in dem Wissen verwenden, daß sie nicht ungefährlich sind.

Medikamente und Gedächtnis

Zum Leben vieler älterer Menschen gehört das Einnehmen von Medikamenten. Das richtige Medikament in der richtigen Dosis kann die Lebensqualität deutlich erhöhen, indem es das physische Wohlbefinden, die Stimmung und die Klarheit des Denkens verbessert. Aber manchmal fordern solche Medikamente auch ihren Tribut. Dazu gehören die Auswirkungen, die manche Arzneimittel auf das Gedächtnis haben können.

Obwohl sie in erster Linie zur Behandlung spezieller gesundheitlicher Probleme dienen, haben Medikamente meistens auch Nebenwirkungen. Manchmal ergeben sich auch Wechselwirkungen zwischen verschiedenen Arzneimitteln. Während Haupt- und Nebenwirkungen eines Medikaments normalerweise bekannt und vorhersehbar sind, können Wechselwirkungen zwischen zwei oder mehr Wirkstoffen unangenehme oder schädliche Reaktionen auslösen, die häufig nicht vorauszusagen sind. Neben- und Wechselwirkungen von Medikamenten können auch in erheblichem Maße die Persönlichkeit und Psyche eines Menschen betreffen.

Jede Einnahme von Medikamenten hat vielfache Auswirkungen auf den Körper, und jedes Mittel hat seine Grenzen. Entscheidend ist, den Nutzen eines Medikaments gegen seine negativen Auswirkungen abzuwägen und bei der Wahl einzukalkulieren, ob die Vorteile größer sind als die Nachteile. Derartige Entscheidungen sollten Sie in Absprache mit Ihrem Arzt treffen.

Viele Medikamente haben Auswirkungen auf die Stimmung, auf die geistige Regsamkeit und die Fähigkeit, neue Informationen zu verarbeiten. Medikamente, die zu den Schlafmitteln, Beruhigungsmitteln, muskelentspannenden oder angstlösenden Mitteln gehören, führen manchmal zu Verwirrung und Gedächtnisverlust. Es gibt sogar einige Medikamete, bei denen als Nebenwirkung Depressionen auftreten.

Jedes Medikament, das mit einer Warnung vor aktiver Verkehrsteilnahme versehen ist, wird wahrscheinlich auch Ihr Erinnerungsvermögen beeinträchtigen. Frei verkäufliche Medikamente, z. B. Erkältungsmittel oder Tabletten gegen Allergien, die Antihistamine enthalten, verursachen Schläfrigkeit und beeinflussen ebenfalls das Erinnerungsvermögen. Folgende Drogen können Einsicht, geistige Beweglichkeit, Urteilsvermögen und Konzentrationsfähigkeit beeinträchtigen:

- Alkohol
- Beruhigungsmittel
- Schmerzmittel, die Narkotika enthalten
- Psychopharmaka
- Barbiturate

Moderne Medikamente, einschließlich der nicht verschreibungspflichtigen, sind sehr wirksam und komplex in ihrer Zusammensetzung. Sie sollten sich angewöhnen, vor jedem Medikament, das Sie einnehmen, gehörigen Respekt zu haben. Falls sich Gedächtnisprobleme einstellen, klären Sie mit Ihrem Arzt oder Apotheker, ob Ihre Schwierigkeiten teilweise die Folgen Ihrer Medikamenteneinnahme sein können. Es ist sehr wichtig, daß gewünschte Wirkung, Nebeneffekte und Wechselwirkungen mit anderen Medikamenten sorgfältig beobachtet werden. Da jeder Mensch anders auf Medikamente reagiert, sollten Sie genau darauf achten, welche Wirkungen bestimmte Medikamente bei Ihnen zeigen.

Mit Streß und Spannungszuständen umgehen

Streß und Anspannung sind Teil des täglichen Lebens. Sie spüren sie körperlich, seelisch und geistig. Genau gesehen wird manche Form von Streß durch positive Ereignisse verursacht, aber das, was die meisten Menschen als Anspannung oder Verspannung empfinden, rührt von Ärger und Schwierigkeiten her. Obwohl die meisten älteren Menschen auf Veränderungen mit einer bemerkenswerten Anpassungsfähigkeit reagieren, kann es in bestimmten Lebensituationen zu einer erheblichen Streßbelastung kommen. Streß wiederum beeinflußt das Erinnerungsvermögen.

Kleine Pannen, die oft auf Vergeßlichkeit beruhen, können ebenfalls zu Streß und Spannungszuständen führen. Stellen Sie sich z. B. vor, daß Sie um 10 Uhr eine Verabredung haben. Nun ist es 9.50 Uhr, Sie können die Haustürschlüssel nicht finden und rennen voller Nervosität hin und her. Oder Sie wollen in einer Buchhandlung ein Buch kaufen. Titel und Autor liegen Ihnen auf der Zunge, aber Sie können sich im Augenblick nicht erinnern und kommen sich reichlich dumm vor. Oder Sie haben Ihren Schirm im Bus vergessen und ärgern sich über sich selber. Erfahrungen dieser Art können Magendrücken, feuchte Hände, verspannte Muskeln, Zittern, manchmal sogar Herzklopfen oder Kopfschmerzen zur Folge haben.

Diese körperlichen Mißempfindungen stören Ihre Konzentrationsfähigkeit und hindern Sie daran, Ihre Ordnungssysteme im Gedächtnis nach der jeweils benötigten Information zu durchforschen. Sie versuchen immer verzweifelter, sich zu erinnern, aber ohne Erfolg. Der Streß, der dadurch entsteht, daß Sie die Erinnerung mit aller Kraft erzwingen wollen, blockiert den Erinnerungsprozeß. Viele Menschen versuchen, derartige Spannungszustände zu überwinden, indem sie rauchen, Alkohol trinken, verstärkt Medikamente nehmen und entweder mehr oder weniger essen oder schlafen.

Spannungszustände abbauen

Anspannung sollte in erträglichen Grenzen gehalten werden. Einen Abbau von Spannungen können Sie oft dadurch erreichen, daß Sie mit einem vertrauten Menschen über Ihre Probleme reden, sich vorübergehend aus der die Spannung erzeugenden Situation lösen, regelmäßig für körperliche Bewegung sorgen und Entspannungstechniken lernen. Ein positiver Nebeneffekt beim Abbau von Spannungen besteht darin, daß Sie sich oft wieder an längst vergessene Dinge erinnern können.

Sich entspannen ist aber leichter gesagt als getan, vor allem, wenn Sie wirklich allen Grund haben, nervös und angespannt zu sein. Spezielle Entspannungstechniken können hilfreich sein, sie müssen jedoch richtig erlernt und regelmäßig durchgeführt werden. Menschen, die bereit sind, sie regelmäßig anzuwenden, finden sie sehr wohltuend. Um einen Zustand entspannten Wohlbefindens zu erreichen, ist es sehr wichtig, tiefes, langsames und gleichmäßiges Atmen zu erlernen. Erprobte Entspannungstechniken sind auch Yoga und Tai Chi, bei denen das Schwergewicht auf langsamen, meditativen Bewegungen und entspannender Tiefatmung liegt. Zusammen mit Meditationsübungen helfen diese Techniken, Körper und Seele zu beruhigen.

Schwimmen und Spazierengehen sind ausgezeichnete Mittel, um sich zu entspannen. Auch progressive Entspannung ist eine wirkungsvolle Technik. Hierbei handelt es sich um eine schrittweise vorgehende Methode, bei der Spannungen durch Anspannen und Entspannen von Muskelgruppen im ganzen Körper gelöst werden.

Manchen Menschen hilft auch ein Selbstbehauptungstraining. Dabei lernen sie, Informationen eindeutig zu geben und aufzunehmen und ihre Rechte in taktvoller, aber gradliniger Weise geltend zu machen. Solche Übungen können in vielen Situationen helfen, Spannungen zu vermindern oder ganz zu vermeiden.

Vor allem aber ist es ein unerschütterlicher Sinn für Humor, der dem Leben Würze gibt und herrlich spontane Möglichkeiten eröffnet, viele Streßsituationen zu entschärfen.

Es gibt noch andere Techniken, Streß zu verringern. Sie können unterschiedliche Entspannungskurse z. B. im Angebot von Volkshochschulen, Familienbildungsstätten, Seniorenzentren, Universitäten, Selbsthilfeguppen und privaten Veranstaltern finden.

Körperliche Aktivität und Gedächtnis

Die früher verbreitete Vorstellung, daß der Mensch eines Tages zu alt wird, um Sport zu treiben, ist heute nicht mehr haltbar. Wir wissen, daß körperliche Aktivität für Gesundheit und Wohlbefinden eines älteren Menschen unerläßlich ist. Viele Untersuchungen zeigen, daß über Fünfzigjährige mehr körperliche Aktivität brauchen. Sport ist für alle Teile des Körpers wichtig, auch für das Gehirn. Ein Übungsprogramm für Sechzig- und Siebzigjährige ergab, daß bei den Teilnehmern Muskelkraft aufgebaut wurde, die Knochenkraft zunahm, die Sauerstoffaufnahme deutlich anstieg und der Blutdruck sank. Die letzten beiden Verbesserungen wirken sich auch auf die Gehirnfunktionen positiv aus.

Die meisten leichten Übungsprogramme für ältere – auch körperlich behinderte – Menschen zielen darauf ab, die Beweglichkeit der Gelenke zu verbessern und die Leistungsfähigkeit von Herz und Lunge zu erhöhen. Durch die Stimulation von Herz und

Lunge wird mit Hilfe des Blutstromes mehr Sauerstoff zum Gehirn transportiert. Mangelnde sportliche Betätigung macht Sie nicht nur körperlich, sondern auch psychisch träge. Bei Menschen, die regelmäßig Sport treiben oder generell körperlich aktiv sind, arbeitet das Gedächtnis schneller. Sie sind außerdem in der Lage, das Tempo, mit dem sie Informationen ins Gedächtnis zurückrufen, noch zu erhöhen.

Wenn das Gedächtnis effektiv arbeiten soll, muß ein entsprechendes Energieniveau vorhanden sein. Um das aufzubauen, ist es zunächst einmal nötig, Sport zu treiben. Sie können mit ganz kleinen Übungseinheiten pro Tag beginnen und dann nach und nach die Anforderungen an Ihren Körper steigern. Dadurch wird sich Ihre Fitneß verbessern. Aber Fitneß kann man nicht auf Lager legen. Um sie zu erhalten, sollten Sie regelmäßig siebenmal pro Woche üben. Dreimal wöchentlich je etwa zwanzig Minuten scheint die Mindestzeit zu sein, die man trainieren muß, um eine positive Wirkung auf den Körper zu erreichen. Flottes Spazierengehen, Schwimmen, Yoga, Gartenarbeit und Tanzen sind z. B. ausgezeichnet für ein solches Training geeignet.

Körperhaltung

Das Gehirn braucht wesentlich mehr Blut mit dem darin transportierten Sauerstoff als andere Organe des Körpers. Eine schlechte Haltung drückt die Arterien, die zum Gehirn führen, zusammen und verringert dadurch die zufließende Blutmenge. Nachlässige Haltung führt zu runden Schultern und einem Doppelkinn. Sie drückt den Oberkörper aus seiner geraden Linie, verursacht Streß und fördert unklares Denken und Vergeßlichkeit. Eine gute Haltung, auf die das ganze Leben hindurch geachtet wurde, bleibt auch im Alter erhalten. Sich schlecht halten aber ist eine Angewohnheit, die nur schwer zu überwinden ist.

Ein paar einfache sportliche Übungen reichen nicht aus, um die Haltung zu korrigieren. Aber Techniken wie Yoga oder Tai Chi, die beide besonders für ältere Menschen geeignet sind, können sich als nützlich erweisen. Durch die Betonung von Körperbewußtsein, Atmung, Entspannung und Konzentration auf jede einzelne Bewegungsphase helfen sie, mehr Körperbewußtsein zu entwickeln und dadurch auch stärker auf die Körperhaltung zu achten.

Vorteile regelmäßiger körperlicher Aktivität

Durch körperliche Betätigung, die Ihnen Spaß macht, fühlen Sie sich insgesamt besser. Dadurch, daß der Kreislauf stimuliert und der Körper lockerer wird, hellt sich auch Ihre Stimmung auf,und Ihr Denken wird klarer. Ganz gleich, wo Ihre physischen Grenzen liegen, körperliche Betätigung ist einfach ein Muß für die Gesundheit von Körper und Seele. Oft wird sie gerade Menschen empfohlen, die sich traurig oder niedergeschlagen fühlen. Einige Wissenschaftler sind der Meinung, daß es unmöglich ist, gleichzeitig niedergeschlagen und körperlich aktiv zu sein. Der Körper bildet nämlich im aktiven Zustand bestimmte chemische Stoffe, die die Tendenz haben, stimmungsaufhellend zu wirken.

Körperliche Betätigung hilft auch, Spannungen abzubauen, und kann damit die Art und Weise ändern, in der Sie sich mit Ihrer Umwelt auseinandersetzen. Ein erhöhtes Wohlbefinden, besserer Schlaf, die Fähigkeit, schwierige Aufgaben leichter zu bewältigen, und bessere Beziehungen zu Fremden und Familienmitgliedern sind nur einige Folgen regelmäßiger sportlicher Betätigung.

Sportliche Übungen stimulieren die Blutversorgung und wirken sich dadurch unmittelbar auf das Gehirn aus. Sie tragen zur Verbesserung Ihrer Gedächtnisleistung ebenso bei wie ganz allgemein zu einer besseren Gesundheit. Ein Gedächtnisexperte meint: «Wenn Sie sich gut fühlen, gut aussehen und voller Energie sind, dann kann der Prozeß der Informationsaufnahme schneller und besser ablaufen, und das Erinnern fällt Ihnen leichter.»

Sportliche Betätigung wirkt sich positiv auf das Gedächtnis aus, weil sie:

1. geistig beweglich macht,
2. das Energieniveau hebt,
3. das Wohlbefinden verbessert,
4. entspannt.

Selbstwertgefühl und Gedächtnis

Welche Gefühle Sie sich selbst gegenüber empfinden, beeinflußt Ihr gesamtes Denken und Verhalten. Wenn Sie sich generell Ihrer selbst sicher sind, können Sie auch Ihren eigenen Wert richtig einschätzen. Sie sind fähig, neben Ihren Stärken auch Ihre Schwächen zu akzeptieren und sich selbst richtig zu beurteilen. Ihr Selbstgefühl bestimmt Ihre Weltsicht. Es hat damit auch Einfluß auf Ihr Gedächtnis, und zwar sowohl direkt als auch indirekt.

Wenn Sie schwere Zeiten durchgemacht und dabei festgestellt haben, daß Sie nicht mehr klar denken konnten und Schwierigkeiten hatten, sich zu konzentrieren oder Gehörtes zu behalten, dann sollten Sie einmal Ihr Selbstwertgefühl überprüfen.

Stellen Sie sich dazu folgende Fragen:

1. Was fange ich mit meiner Zeit an?
2. Tue ich Dinge, die mir das Gefühl geben, etwas zu leisten oder jemandem zu helfen?
3. Habe ich mich in letzter Zeit bemüht, Kontakte zu Freunden oder Bekannten zu pflegen?

4. Habe ich irgendeinen Menschen, bei dem ich mich geborgen fühle, alle meine Sorgen abladen und nur ich selbst sein kann?

Wenn Menschen älter werden, braucht ihr Selbstwertgefühl häufiger Nahrung. Sie sollten daran denken, gut zu sich selbst zu sein, ihre innere Schönheit, ihre geistigen Qualitäten zu erkennen und richtig zu bewerten. Quellen, aus denen Sie mehr Selbstwertgefühl gewinnen können, sind:

- Arbeit oder sonstige sinnvolle Betätigungen
- Freundschaften und andere soziale Kontakte
- Intime Beziehungen

Arbeit ist jede Betätigung, die Ihnen die Möglichkeit gibt, an irgendeiner Sache mitzuwirken, sich nützlich zu fühlen und etwas zu leisten. Dabei kann es sich um bezahlte Arbeit handeln, um ehrenamtliche Tätigkeiten, um Hilfe in der Familie und bei Freunden oder um die Entwicklung Ihrer ganz persönlichen eigenen Interessen. Etwas Sinnvolles für sich selbst, die Familie, Freunde oder eine Gemeinschaft zu tun, gibt moralisch enormen Auftrieb.

Wenn Menschen älter werden, treten oft Veränderungen in ihrem Leben ein, und es wird immer wichtiger für sie, daß sie sich einen Kreis von Freunden und Bekannten schaffen, ihn pflegen und ausbauen. Jeder braucht die Wärme und Aufmunterung, die Freunde geben können. Freunde können in schlimmen Zeiten manchmal geradezu lebensnotwendig sein. Im Ruhestand verfügt der ältere Mensch über mehr Zeit und Kraft, um neue und alte Freundschaften zu pflegen. Auch Kontakte, die in Vereinen, Kirchengemeinden und in der Nachbarschaft geknüpft werden, können dazu beitragen, die Lebensfreude zu erhöhen.

Viele Menschen glauben, daß der Begriff «intime Beziehung» nur für ein Ehe- oder Liebespaar gilt. Eine intime Beziehung können Sie aber zu jedem Menschen entwickeln, der ein enger Vertrauter und eine wichtige Person in Ihrem Leben ist. Das kann Tochter oder Sohn, genausogut aber auch ein besonders enger Freund sein. Manche Menschen bauen sogar eine intime Beziehung zu einem Tier auf, das sie so akzeptiert, wie sie sind, und niemals im Stich läßt. Es zeigt sich heute immer deutlicher, wie wichtig Haustiere für Gesundheit und Wohlbefinden älterer Menschen sein können.

Es gibt keine Zauberformel, mit deren Hilfe Sie ein starkes Selbstwertgefühl aufbauen können. Jeder muß es auf seine eigene Weise finden. Aber Menschen, die aktiv sind und sich anderen zuwenden, entwickeln meist auch sich selber gegenüber genügend Zuwendung. Manche finden ihr Selbstwertgefühl, indem sie den größten Teil ihrer Zeit arbeiten oder anderen wichtigen Aktivitäten nachgehen. Andere erhalten Selbstbestätigung in Gesellschaft von Freunden und Bekannten, wo sie sich als Teil einer Gruppe fühlen, zu der sie «gehören». Noch andere finden Erfüllung in einer Paarbeziehung. Sie sind glücklich und zufrieden, wenn sie ihre Zeit möglichst ausschließlich mit dem geliebten Partner verbringen können. Selbstwertgefühl kann aus vielen Quellen oder aus einer Kombination verschiedener Lebensumstände gespeist werden. Letzten Endes aber beruht es auf einer inneren Einstellung – auf der Überzeugung: «Ich bin ein wertvoller Mensch, nicht nur in den Augen anderer, sondern auch in meinen eigenen Augen.»

Sie sollten ganz bewußt diejenigen Beziehungen und Umstände fördern und pflegen, die sich positiv auf Ihr Selbstwertgefühl auswirken. Wachsendes Selbstwertgefühl führt auch dazu, daß Ihre Fähigkeit zunimmt, klar zu denken und sich zu erinnern. Ein Leben, in dem es sinnvolle Aktivitäten und Beziehungen gibt, schafft Energie, Schwung und Interesse – alles Voraussetzungen für gute Gedächtnisleistungen.

Zusammenfassung

Unsere Lebensweise wird durch eine Vielzahl von Einflüssen geprägt. Diese Einflüsse wirken sich auch auf die Fähigkeit aus, klar zu denken und geistig rege zu bleiben. Folgende Faktoren beeinflussen die Erinnerungsfähigkeit:

- Qualität und Menge dessen, was wir essen und trinken
- Medikamente, die wir einnehmen
- Regelmäßige sportliche Betätigung, der wir nachgehen
- Das Ausmaß von Streß, dem wir ausgesetzt sind, und die Art, in der wir damit umgehen
- Unser Selbstwertgefühl, das aus der Zufriedenheit mit unserer Lebensqualität erwächst

Obwohl jeder dieser Faktoren für sich abgehandelt worden ist, können sie nicht isoliert betrachtet werden; vielmehr ist jeder auf seine eigene Weise mit allen anderen verbunden.

Die Art, in der wir auf unseren Körper achten, wirkt sich auch auf unser Denken und unsere Gefühle aus. Welche Empfindungen wir uns selber entgegenbringen, beeinflußt unsere körperliche, geistige und emotionale Gesundheit. Die Änderung eines lebensbestimmenden Faktors bringt immer auch Veränderungen der anderen mit sich. Unsere persönliche Art zu leben spiegelt die Einstellung wider, die wir zu uns selber, unserem Wert und unseren Überzeugungen haben, und sie zeigt, wer wir sind und was wir leisten.

Unsere Aufmerksamkeit hat sich in diesem Kampf vor allem auf Körper, Seele und Gefühle konzentriert. Das letzte Kapitel dieses Buches wird sich vor allem dem spirituellen Bereich unseres Seins zuwenden. Gedächtnis und Erinnerungen nähren und fördern die spirituelle Entwicklung jedes Menschen. Ohne sie wären wir nicht fähig, in unser innerstes Zentrum vorzudringen, das zusammen mit Körper und Seele erst unser ganzheitliches Wesen bildet.

Kapitel X

Weisheit und Alter

«Bei den Großvätern ist die Weisheit,
und der Verstand bei den Alten.»
(Hiob 12, Vers 12)

Herr, du weißt besser als ich selber,
daß ich älter werde und eines Tages alt sein werde.
Bewahre mich vor dem verhängnisvollen Glauben, daß ich bei jeder Gelegenheit unbedingt etwas sagen muß.
Befreie mich von dem Verlangen, die Angelegenheiten aller meiner Mitmenschen in Ordnung bringen zu wollen.
Mache mich nachdenklich, aber nicht trübsinnig; hilfsbereit, aber nicht herrschsüchtig.
Eigentlich ist es schade, den großen Schatz meiner Weisheit nicht voll zu nutzen ...
Halte meinen Geist frei von endlos sich wiederholenden Einzelheiten; gib mir die Weisheit, das Wesentliche zu erfassen.
Versiegele meine Lippen, daß ich meine Leiden und Schmerzen für mich behalte ...
Ich wage nicht, ein besseres Gedächtnis zu fordern, bitte aber darum, daß meine Demut wachse.
Wenn meine Erinnerungen in Widerspruch stehen zu den Erinnerungen anderer, dann verleihe mir die großartige Einsicht, daß der Fehler vielleicht auch bei mir liegen könnte.
Gib mir die Gnade, Gutes zu sehen, wo ich es nicht erwartet habe, und positive Seiten an Menschen zu entdecken, denen ich sie nicht zugetraut hätte.

Und gewähre mir, Herr, die Gnade, es ihnen auch zu sagen.

Dieses Gebet zeigt Verhaltenweisen auf, die durch Weisheit gekennzeichnet sind. Es erinnert aber auch an kleine Schwächen, die Menschen in höherem Alter entwickeln können. Nur weil jemand alt ist, bedeutet das noch keine Garantie dafür, daß er auch weise ist. Alter hat nicht automatisch Weisheit zur Folge.

«Ein jegliches hat seine Zeit, und alles Vornehmen unter dem Himmel hat seine Stunde: Geboren werden und sterben, pflanzen und ausrotten, was gepflanzt ist.» (Prediger Salomo 3, Vers 1–2)

Weisheit und Sinnfindung – Die Lebensfäden verknüpfen

Weil Menschen sich erinnern und Nutzen aus ihren vielfältigen Erfahrungen ziehen, wächst mit zunehmendem Alter jedoch oft auch die Weisheit. In dieser Phase sind sie in der Lage, auf ihr Leben zurückzublicken und zu erkennen, wodurch sie sich selbst und ihre Umwelt immer besser verstehen gelernt haben. Ihre Weisheit beruht vielleicht nicht auf dem Studium von Büchern und hängt nicht notwendigerweise von der Menge angehäuften Schulwissens ab. Sie ist die Summe all ihrer Lebenserfahrungen, ihres Lernens und Erinnerns durch Erfolg und Fehler. Diese Weisheit entwickelt sich dadurch, daß wir die vielfältigen Verantwortlichkeiten und Anpassungen bewältigen, die das Leben uns abverlangt, und sie wächst mit jeder Gelegenheit, die wir nutzen, um persönlich weiter zu wachsen und zu reifen.

Die Weisheit langer und vielfältiger Lebenserfahrung unterscheidet ältere Menschen von jüngeren – in bezug auf Urteilsreife,

Kompetenz, Verständnis und die Fähigkeit, sich selbst und andere so zu akzeptieren, wie sie sind.

«Wissen kommt, aber Weisheit bleibt.» (Tennyson, Locksley Hall)

Die Weisheit älterer Menschen zeigt sich auf vielfältige Weise, aber letzten Endes scheint sie immer auf zwei Faktoren zu beruhen: einmal darauf, daß die Betreffenden aus ihren Lebenserfahrungen gelernt haben, und zum anderen, daß sie offen für immer neues und in die Zukunft gerichtetes Lernen sind. Weisheit entsteht aus der Haltung, die Menschen dem Leben gegenüber einnehmen, und drückt sich in ihrer Art zu leben aus.

Als Antwort auf die Frage «Kennen Sie einen weisen älteren Menschen?» beschrieb ein Befragter seinen älteren Nachbarn als einen Mann, der sich eher durch intuitives Wissen als durch angelesene Kenntnisse auszeichnete. Er besaß Gespür und Verständnis für den Wechsel der Zeiten und kannte den Unterschied zwischen dem, was auf Dauer bestehen bleibt, und Dingen, die Veränderungen unterworfen sind. Anderen gegenüber war er der Gebende, gab sich selbst jedoch niemals auf. Er besaß eine ausgeprägte Persönlichkeit und war sich seiner selbst und seines Wertes durchaus bewußt.

Als eine Gruppe von Senioren gebeten wurde, etwas zu ihrer eigenen Weisheit zu sagen, ergaben sich folgende Antworten:

- «Weisheit ist etwas, das ich eher bei anderen sehe als bei mir selber.»
- «Weisheit zeigt sich in meinem gesamten Verhalten – nicht nur in dem, was ich glaube und sage, sondern auch in meinem Tun.»
- «Weisheit bedeutet, anderen zu helfen, ohne kluge Ratschläge zu geben – verständnisvoll zu sein, ohne Binsenwahrheiten zu verbreiten.»

- «Weisheit bedeutet, nicht unbedingt immer recht haben zu wollen.»
- «In manchen Dingen bin ich weise, in anderen aber nicht. Wirklich weise bin ich möglicherweise jeweils nur für den Bruchteil einer Sekunde.»
- «Mein körperliches und emotionales Befinden bestimmen, ob ich mich an einem Tag weise fühle oder nicht.»

Sich selbst annehmen

Hohes Alter eröffnet die wunderbare Möglichkeit, das Gewebe der Lebensfäden zu einem vollständigen, geschlossenen Muster zu vollenden. Psychologen, die sich mit dem spirituellen Aspekt des Alterns beschäftigen, meinen, daß die wichtigste Aufgabe älterer Menschen darin bestehe, zu einer Bestandsaufnahme ihres Lebens zu gelangen und mit sich selbst ins reine zu kommen. Die aus dem Inneren erwachsende spirituelle Weisheit des Alters entspringt der Erkenntnis, daß die lange Reise sich dem Ende zuneigt. Schwieriges und Negatives muß im Rahmen dieser Bestandsaufnahme genauso in die richtige Perspektive gerückt werden wie positive Dinge, die Befriedigung und Freude in uns auslösen. Manches vergessen wir lieber, weil die Erinnerung daran schmerzt. Wenn es uns jedoch gelingt, solche Dinge in die Gesamtheit unseres Lebens einzubinden, dann beginnen wir den Sinn unseres Daseins klarer zu erkennen. Bei all diesen Vorgängen spielt das Gedächtnis die Schlüsselrolle.

Ein Mensch, der zu einer solchen Einheit seines Daseins gefunden hat, «kann anderen gegenüber kompromißbereit sein; er blickt all den kleinen Toden, die das Leben mit sich bringt, ins Auge, er findet neue Wege, wenn vertraute Lebensumstände sich als überholt erweisen; er bemüht sich, das ganze Leben hindurch zu wachsen, stellt sich jeder Anforderung in jedem Lebensalter, ist immer auf der Suche, immer neugierig und bereit, sich weiterzuentwickeln und veränderten Gegebenheiten anzupassen».

Ältere Menschen, die sich an Vergangenes erinnern, reden nicht nur so daher. Sie leisten oft harte Arbeit, um die Erfahrungen ihres Lebens zu einem sinnvollen Ganzen zusammenzufügen. Wenn Menschen sich ihrer eigenen Sterblichkeit mehr und mehr bewußt werden, halten sie ein und blicken zurück. Dieses Erinnern hilft, die vielen Teile, aus denen das innere «Ich» besteht, zusammenzufügen – Kind, Student, Ehepartner, Vater, Mutter, Freundin, Arbeiter, Freiwilliger, Hobbyist, Aktivist, Bürger. Während ein Mensch sich erinnert, stellt er oft fest, daß er sich selbst fragt: «Was war das Ganze wert?», «Hatte mein Leben irgendwelche Bedeutung?», «Werden Menschen es bemerken oder bedauern, wenn ich nicht mehr da bin?», «Habe ich ein gutes Leben geführt?», «Wenn ich noch einmal leben könnte, würde ich alles wieder genauso machen?». Derart wichtige Fragen können Sie nur beantworten, wenn Sie sich aktiv erinnern und auf Ihren Lebensweg zurückblicken.

Das Gedächtnis versetzt jeden Menschen in die Lage, das Zentrum seiner individuellen Persönlichkeit, seine besondere Einmaligkeit zu erkennen und richtig einzuschätzen. Es verhilft jedem von uns dazu, daß er sagen kann: «Ich bin ich, und ich habe mich durch die Summe meiner Erfahrungen zu dem entwickelt, der ich bin.» Dadurch, daß es unser Gefühl für das Fortdauern der Vergangenheit stärkt, stellt das Gedächtnis auch die Verbindung zur Gegenwart her und gibt unserer Zukunft Sinn.

Die Weisheit, die aus einer solchen Bestandsaufnahme und Zusammenschau erwächst, erzeugt häufig eine heitere Gelassenheit und innere Ruhe. Sie vertieft unsere Fähigkeit, mitzufühlen und demütig zu sein. Und sie ermöglicht es uns, auch das Humorvolle in all den vielen Absonderlichkeiten des Lebens zu sehen. Das Gedächtnis ist von zentraler Bedeutung auf dem Weg zu wahrer Weisheit.

[illegible]
[illegible] der Bedeutung auf dem [illegible]
[illegible]

Stressverhalten ändern lernen

Dietmar Juli /
Angelika Schulz
Stressverhalten ändern lernen
Vorbeugung und Hilfe bei psychosomatischen Störungen und Krankheiten
(rororo sachbuch 60214)
Stress als Krankheitsfaktor ist nicht mit einfachen Rezepten zu bewältigen. Die gutgemeinten Empfehlungen populärer Ratgeber lassen meist außer acht, daß die Reaktion auf Belastungen individuell sehr verschieden ist. Jedes gesundheitsschädliche Stressverhalten ist Folge einer persönlichen Entwicklung, die erkannt werden muß, damit Änderungen möglich werden. Hier setzt dieses Buch an; es verbindet das medizinische Stresskonzept mit Aussagen der psychologischen Lerntheorie.

Gisa Briese-Neumann
Herausforderung Stress
Gesund durch Körper- und InnerManagement
(rororo sachbuch 60212)
Das vorliegende Buch soll Sie in die Lage versetzen, Stress und Konfliktpotential zu erkennen und deren Ursachen gezielt zu vermeiden und zu überwinden. Das Besondere an Gisa Briese-Neumanns Ansatz ist, daß dies auf drei Ebenen geschieht: im körperlichen, im geistigen und im seelischen Bereich.

Paul Wilson
Wege zur Ruhe *100 Tricks und Techniken zur schnellen Entspannung*
(rororo sachbuch 60119)

rororo gesundes leben

Paul Wilson
Zur Ruhe kommen *Einfache Wege zur Meditation*
(rororo sachbuch 60533)

Rolf Degen
Der kleine Schlaf zwischendurch
In Minuten frisch, erholt und fit
(rororo sachbuch 60213)
Nickerchen, Powerschlaf, Siesta, Nap – der kleine Schlaf zwischendurch hat viele Namen und ist so alt wie die Menschheit selbst. In unserer modernen Stressgesellschaft bekommt er als Fitness- und Wellnessbringer eine völlig neue Bedeutung. Der Minischlaf hat nicht nur gesundheitsfördernde Wirkungen, sondern kann auch gezielt eingesetzt werden, um den Nachtschlaf ganz oder teilweise zu ersetzen.

Ein Gesamtverzeichnis aller lieferbaren Titel der Reihe *rororo gesundes leben* finden Sie in der *Rowohlt Revue*. Vierteljährlich neu kostenlos in Ihrer Buchhandlung.

3405/7

Gesundheit rundum

Richard Hallam
Leben mit Tinnitus *Wie Ohrgeräusche erträglicher werden*
(rororo sachbuch 19932)
Da bei Tinnitus eine medikamentöse oder chirurgische Behandlung nur in wenigen Fällen möglich ist, müssen die meisten Betroffenen lernen, mit Ohrgeräuschen zu leben. Richard Hallam, führender Tinnitus-Forscher und -Therapeut, gibt hierzu kompetente und zugleich einfühlsame Anleitung.

Lisette Scholl
Das Augenübungsbuch *Besser sehen ohne Brille – eine ganzheitliche Therapie*
(rororo sachbuch 19136)

Joachim Grifka
Die Knieschule *Hilfe bei Kniebeschwerden*
(rororo sachbuch 19186)
Das Buch zeigt, wie man sich bei Kniegelenksbeschwerden selbst helfen kann und welche Erkrankungen ärztlich behandelt werden müssen. Es gibt dem Patienten die Möglichkeit, genaue Fragen zu stellen und die ärztliche Behandlung besser zu verstehen.

Louis J. Rosner / Shelley Ross
Multiple Sklerose *Neue Hoffnung für Menschen mit MS*
(rororo sachbuch 19759)
«Das beste Buch über Multiple Sklerose für Betroffene.»
The New England Journal of Medicine

rororo gesundes leben

Benno Werner
Im Rhythmus der Jahreszeiten
Gesund leben im Einklang mit der Natur
(rororo sachbuch 60279)
Der Autor zeigt auf, welche Organe in welcher Jahreszeit besonders aktiv sind und welche Emotionen in dieser Zeit dominieren. Mit zahlreichen Übungen für Körper, Geist und Seele gibt er wertvolle Hinweise für ein gesundes Leben im Einklang mit der Natur.

Nicole Ronsard
Das Anti-Cellulite-Erfolgsprogramm
(rororo sachbuch 60370)
Die Autorin hat ein erfolgversprechendes, ganzheitliches Programm zusammengestellt, das der «Orangenhaut» gezielt zu Leibe rückt.

Ein Gesamtverzeichnis aller lieferbaren Titel der Reihe *rororo gesundes leben* finden Sie in der *Rowohlt Revue*. Vierteljährlich neu. Kostenlos in Ihrer Buchhandlung.

3654/2